목이 혀를 삼켰다

박인홍 시집

차례

008   무엇을 보았던가.
009   내일이 아니고, 오늘부터
010   자연과 생명의 공존
011   이치(理致)
012   이런 시대, 이런 자들
014   호걸들의 삶
015   천년, 만년
016   지능이 멈추면
017   지폐의 노예들
018   추억으로 남는 것
020   말말 말(言)
021   황천길
022   혈족(血族) 끼리
023   아흔아홉 근
024   자존심(自尊心)
026   목구멍이 혀를 삼켰다.
027   인간들이여
028   평안을 만들자
029   욕심이 남기는 흔적들
030   영혼까지 내다버리면
032   사람다운 수준으로
033   공생관계

034　아쉬움을 만드는 행동들

035　고통의 아이템

036　노력과 운(運)

038　부모는

039　나와 너의 임무

040　습관은 버릇이다.

041　정신력(精神力)

042　후회하는 주인공은

044　종착역의 실체(實體)

045　인간다운 사회로

046　오래도 가는 아이콘

047　극과 극(極)의 선물

048　인간이란

050　지배력

051　인생(人生) 종착역

052　공명정대

053　세월이 뒤안길

054　어진 자(者)

056　지옥과 절벽이 따로 없다.

057　그래도

058　세심한 관리로

059　솔선수범

060   따라서 웃는다.

062   언어의 가치관

063   예, 또는 아니요.

064   노예 제도

065   신의 힘과 욕심의 리듬

066   종착역에

068   말(言) 들의 결과

069   듣는 자와 말하는 자

070   극락과 지옥이란

071   엉터리는 아닌데

072   목적을 위해서

074   제멋대로

075   세상은 좀비들로

076   조금만 더 부지런하게

077   분수와 능력

078   두런두런

080   질병과 인간

081   모이면 저절로

082   현자의 생각

083   바로 이분들

084   종(種)은 같은 이치

086   감별사

087 수준이 미달이라.

088 분명한 이론(理論)

089 어떻게 되려고

090 버릇

092 공정한 이치(理致)

093 여기서 그만

094 모두모두

095 마법 같은 기적으로

096 반대로 돌린다면

098 자유인(自由人)

099 가 치(價値)

100 하늘이 보고, 땅이 듣고, 있는데

101 자신을 알면

102 열광의 도가니

104 왜들 그래

105 심리(心理)

106 처세술

107 차분(差分) 하게

108 소문

110 이대로가 좋다,

111 반감(反感)

112 여기서 그만

113　관례(慣例) 라는 족쇄

114　과감한 용기(勇氣)

116　아름다운 언행(言行)

117　반복(反復)

118　모범의 사례로

119　양보하면 평화로워진다.

120　시작은 양보(讓步)로

122　고질(痼疾) 병

123　쑤셔 박힌 인격(人格)

124　자리를 피했다

125　숙명(宿命)

126　가난이란

128　사랑

129　누구라도 그렇게

130　들었으면 보고나서

131　설명이 필요 없다,

132　재물(財物)이란

134　품격의 통로

135　카드와 패(牌)

136　말세 만세.

137 탓, 타령
138 C E O. 들의 분석(分析)
140 따로 없는 지옥과 극락
141 바닥이 드러나야
142 공정(公正)하게
143 적폐
144 통박
146 공정한 이치(理致)
147 다수가 사이비.
148 이보다야 못하겠습니까.
149 인생(人生) 이력서
150 여기가 종착역
152 어디쯤에서
153 무상으로 가는 길
154 무조건 빨리
155 왔다면 가는 것
156 회자정리(會者定離)
158 떠나지 마라.
159 또 다른 자연으로
160 우리 그리고, 모두가

무엇을 보았던가.

여정의 끝자락
조바심 내며, 바빠 던 시간들
세월은 어느새 저만큼
허무하기 그지없도다.

슬픔은 그때그때 자국이 되었고
근심, 걱정, 고민도 여전히 버텨가며
두려움은 아직도 떠날 생각이 없는데
애잔한 마음은 어디에 두나.
걱정반기대반 아쉬움은 여전히
서먹서먹하니 눈치를 본다.

누가 누구를 바라보며
무엇들이 무엇을 체험하려 했던가.
그리고는
무엇을 보았는가.

내일이 아니고, 오늘부터

욕심(慾心)을 지울 수는 없지만
줄일수록 불안과 근심은 작아질 것이므로
평안이 살며시 자리를 만들어 갈 것이고,
행복은 저만큼에서 미소를 보내올 것이다.
고운 말을 해주면 심성이 고와질 것이고
칭찬을 해주면 기운이 생길 것이다.
인간들은 지능과 지혜를 갖춘 동물이라서
충분한 역량을 펼쳐 갈수 있을 것이며
도와주고, 배려하는 너그럽고도 자비로운
관용의 행동들이 모두를 즐겁게 할 것이다.
우리와 모두는 감사하는 마음과 생각을
갖추는 아름다운 세상을 다 같이
협력(協力) 하여 만들어 가자.

자연과 생명의 공존

생명들은 살아서 남고자 투쟁을 하고
자연은 생명들과 공존을 원칙으로 한다.
인간이라면 윤리와 도리가 먼저다.
나쁜 짓 하는 것들에겐 나쁜 소식으로
좋은 일 하는 것들에겐 좋은 소식으로
못된 짓을 하는 자들과 무리에게는
치명적인 소식이 전달이 되고, 있다.
스스로 돕는 자는 자연이 보호를 할 것이고
자연의 섭리가 호락호락하게
흐르는 것이 아니라서
살아서 남고자 투쟁은 해야 하는 것.
동물이든 식물이든 생명을 가진 것들의
부탁이고, 애원이라면 외면하지 않는 것이
자연의 이치(理致) 이리라.

이치(理致)

우리가 본 것들이 다가 아니고
우리가 들은 것이 모두가 아니다.
하늘에서 뜻이 있어 세상을 펼쳤다면
땅에서는 따라서 지켜야할 의무(義務)가 되는 것
만물들이 그렇게 하고자 따라서 가지만
인간들만은 참을 줄을 모르기에
스스로 나서서 사사건건 참견이로다.
세상을 지배하는 것은 신(神)이 아니고
자연과 이치(理致)에 맞추어 있는 생명체인데
그중에 일부의 인간들이 나서서 관리를 한답시고
각종의 신들을 만들어 허구와 가설로 날조하고는
모든 것들을 거짓으로 지배(支配) 까지 하면서
여기까지 왔고, 계속 가려고, 안간힘을 다해
벼라 별짓들을 다 하고, 있다.
원칙과 근본을 찾고, 도리와 진리를 추구하며
그리고 이치(理致)를 말하자.

이런 시대, 이런 자들

열 번이고, 백번이고
죽었다가 다시 태어나도
당신과 다시 만나고, 싶다던 연인(戀人) 들이
언제부턴가 숨소리조차도 싫다면서
쳐다보기가 지겹다는 괴물(怪物) 들로 둔갑했다.
함부로 지껄이는 요괴들의 눈빛은
충동적인 욕망만으로도 사랑이라 착각한다.
종이에 쓰여 진 언어는 찢고, 버릴 수 있겠으나
귀속으로 전달된 말은 지워지지가 않으리라.
꼬일 대로 꼬여버린 시간과 세월이 남아있다면
보았어도 못 본 척, 들었어도 못 들은 척
눈(目)과 귀(耳)와 입(口)에
거미줄을 치고서 살아가야하는
이런 시대(時代) 이런 자(者) 들.

호걸들의 삶

칭송과 칭찬이 모이는 곳은
재물을 많이 쌓아 놓은 자(者)도 아니고
높은 직위에서 지시하는 자도 아니며
신분과 댓 가를 구분하지 않고
배려하고, 양보하며, 도와주는 사람일 것이다.
언어의 가지 수가 수없이 많듯이
약속의 가지 수도 다양하게 많을 것이므로
중(重) 하고, 가벼운 약속들 지키려고, 노력하는 자
진정 영웅에 가까운 사람이라고, 칭찬 할, 만하고
본인이 가지고, 있는 다양한 것들 무게와 가치를
구분하지 않고, 나눌 줄 아는 사람은
훌륭한 호걸이라고, 찬사를 받을 만하다.
이기적인 처신은 소통의 통로가 막힐 것이고
차이와 차별의 대화는 저절로 멈추게 될 것이다.
있는 것들 그대로, 가진 것들 그대로
솔직한 행동만이 올바른 삶이되어지리라.

천년, 만년

만년의 과거들을 헤아리고
천년의 미래를 꿈꾸면서
불멸의 존재로 남고자 하는데
생명의 끈들은 백년도 지탱하기가 어렵구나.
그러거나 저러거나
일등을 좋아하는 이런저런 생각들
더 많이 갖추고, 싶어 하는 그네들의 희망은
하늘에서 내리는 눈들이 모두 보석으로 변하고
쏟아져 내린 빗물들이 모두 원유로 변한다, 해도
그들만이 가진 충족이나 만족은 채울 수가 없을 것이다.
야심이 만들어가는 크고, 작은 불쾌한 광경들
악착같이 악랄하게 펼쳐지는 잔인한 현장들은
무례하고, 불손한 탐욕이 만든 것들이다.
남들의 마음에 상처를 만들어 놓았다면
본인들의 마음은 뭉개지고, 있을 것이다.

지능이 멈추면

자신과 본인의 가족들은 귀가 막히게 소중하고
남들은 그때그때 형편에 따라 계산하는
부분적인 인간들의 행실이 그 정도이다.
본인들이 얻는 금액이 한(一) 푼이라면
필요로 하는 것들도 한 푼에 머물러 있겠으나
본인들이 얻는 금액이 열(十) 푼이라면
필요로 하는 것들도 열 푼으로 맞춰질 것인데
모두의 생각들이 내 것에서 멈춰 있구나.
자신들의 생각과 처신이 옳다며,
사실(事實) 들은 주홍글씨를 씌워서 밀쳐놓고는
해답도 결말도 없는 거짓을 펼쳐서
세기(世紀)를 거듭하고들 있는 것이다.
남들의 눈에 눈물을 만들어 놓았다면
본인들의 눈에서 피눈물이 나와야
경우와 이치에 부합(符合) 하리라.

지폐의 노예들

행동은 여기서 하는데 정신은 그곳에 가있다.
감정 속에 묻혀버린 형편없는 의지력부터
습관으로 밀려나는 엉터리 약속들 까지
피터지게 육체노동을 하고, 있으면서도
정신은 감정의 노동자로 고민에 빠져있는 것이다.
이해득실의 사고력(思考力) 확신을 하고서도
제대로 써보지도 못하는 근심의 대상자로
올바르게 사용하지 않는 지폐의 노예들로
길 다면 길고, 짤 다면 짧은 인간의 수명들을
헛되고, 후회스럽게 욕심하나에 휩쓸려 간다.
불평과 불만으로 가득 찬 길들을 따라서 간다.
듣는 것보다, 보는 것을 선호하지만
보이는 것보다 들리는 것에 관심이 많은
인간들은 지폐의 노예(奴隷) 들이면서
움직이는 허수아비 들이다.

추억으로 남는 것

무조건 빼앗아야 살아서 남는
그때 그 시절은 그렇게
가난하면 모두 백성이 되고
서민들은 모두 백성이라 부른다.
들키면 범죄(犯罪) 안 들키면 사업인데
거부(巨富)가 왜 백성으로 살아
서민들을 깔보면서 원성의 정상에 있어야지
백성(百姓)들을 미워하지 마라.
백성들이 없으면 역사(歷史)도 없다.
필요 할 때는 백성들을 주인으로 부르고
안 보일 때는 개나 돼지로 부른다는데
빼앗으려 하는 자들의 이유(理由) 보다
빼앗기지 않으려는 자들의 명분(名分) 과
추억으로 남는 이상의 도덕성(道德性)을
지켜내고, 보호하며 준수하자.

말말 말(言)

문명에 찌든 자들의 스트레스도 가세하여
백년을 뒤로하고, 천년만년을 살 것처럼
인간들의 욕망은 무궁무진하게 펼쳐간다.
그렇게 해서는 아니 된다, 이렇게 해야 한다.
서로 다른 각자의 의견들이 근거를 찾고자
다양한 목소리들이 토론을 벌이고, 있다.
이것은 옳고, 그것은 그르다며
자존심과 이기심의 맹렬한 격론이 펼쳐지는데
입과 혀를 통해서 나오는 소리들은
어쩌면 10억 명이, 십 억년동안 논쟁을 해도
또 다른 100억 명이, 백 억년을 언쟁을 해도
답(答)도 결과도 나오지도 찾지도 못하고
그렇게 저렇게 돌고, 돌 뿐이다.
이겨서 남는 것은 외로움 될 것이고
우겨서 남는 것은 허탈감뿐이라 했으렷다.

황천길

입(口) 다물어라 아니면 입마개를 씌우겠다.
입안에는 화근(禍根)을 만드는 공장이 있고
주둥이는 화(禍)가 들락거리는 통로가 된다.
영광과 찬양에서 불행과 재앙으로 바뀌는 것은
모두 다 주둥이가 근원(根源) 이다.
입에서 황홀한 천상의 소리도 만들어져 나오고
황천(黃泉) 길 소환장도 그곳에서 나온다.

옛날 역병이 창궐 할 때도 입마개가 필수였으렷다.
세상의 온갖 것들이 먹이로서 그곳으로
무분별하게 질서 없이 다 들어가기에
탈이라도 나면 역겨운 악취(惡臭)를 풍기고
실수하면 쓰레기와 오물(汚物) 까지도 나온다.
그것의 주변에 얼씬거리면 신상(身上)에 해롭다.
마스크를 하고서 조금씩 떨어져 있어도
보려는 것들 다보이고, 듣고 싶은 것 다 들리느니라.

혈족(血族) 끼리

지키는 것은 끊임 없는 노력이 대신하지만
무너지는 것은 한순간이다.
지폐마다 욕심이 묻어있지 않은 것이 없을 것이고
재물마다 사욕이 배여 있지 않은 것이 없을 것이다.
크든 작든 무리하게 옮겨서 모아놓고, 쌓아놓은 것들
놓치기 싫어하고, 빼앗기지 않으려 했던
가지가지 고루, 두루 의 소유물(所有物) 마다.
소유자들의 욕심과 원한(怨恨) 까지 묻어 왔기에
관리와 쓰여 지는 과정에서 슬기로움은 비켜갔다.
조마조마 눈치를 살피고, 낌새를 엿봐야 하는 것으로
재물(財物) 마다 멈추어 쌓여있는 내내
가족끼리 혈족끼리 다툼과 언쟁은 계속해서
바닥이 날 때까지 고통으로 이어질 것이로다.

아흔아홉 근

혀를 잘라버리겠다는 욕설이 있는가하면
혀를 뽑아버리겠다는 막말도 있으렷다.
본 것들을 함구(緘口) 하고,
보지 않은 것들은 아는 체 하지마라
몸(身) 전체를 백 근으로 가정하면
입술과 혓바닥은 아흔아홉 근이어야
신상(身上)이 평안하게 남으리라.
관련(關聯) 없는 것에 관여하지 말고,
의미(意味) 없는 것에 관심 갖지 말라
듣는 자에게는 지혜를 가져다주지만
지껄이는 자에게는 후회를 가져다 준다했다.
입을 잘 다스리면 군자가 되지만
혀를 잘못 다스리면 소인배로 추락한다.
아는 체 하지마라
본인만큼은 다들 알고 있다.

자존심(自尊心)

자존심은 가치로 계산하면 무일푼이다.
그러나 세상과도 바꿀 수없는
목숨과 비견(比肩)이 되는 해프닝이다.
실과 바늘같이 욕심과 붙어 다니는 것으로
욕심이 양보를 하면 자존심이 안, 서고
자존심이 후퇴하면 욕심이 나선다.
돈과 성욕에 몰두하는 주인공(主人公)
제멋대로 동물들만이 신주(神主)로 모시는
패가(敗家)와 몰락(沒落)의 산물들이다.
잡고서 놓아서는 안 되는 것은 욕심이고
자존심과 욕심까지 버리는 것은 개달음이다.
본인을 평안하게 만들고, 싶은 자(者) 들
후회의 울타리 안에서 벗어나고, 싶다면
말과 행동에 책임 있는 처신을 해야 하리라.

목구멍이 혀를 삼켰다.

혓바닥이 불러들인 불행(不幸)들이
목구멍에 걸려 숨통을 막고, 있다.
혀가 불러오는 탐욕들이 목줄에 걸려서
음식이 제대로 넘어가질 못한다.
때로는 괴물(怪物)의 혓바닥이 되었다가
또는 악마(惡魔)의 아가리가 되어서는
잡다한 음담패설로 히히 낙락 거리며
보이고, 들리는 대로 쉴 새 없이 지껄이는
혓바닥을 목구멍이 삼켜 버렸다.
몸통(身體)을 지키기 위해서
묻지도 대답도 하지 못하게
말이 많은 혀를 목구멍이 삼킨 것이다.
거짓도 진실도 제멋대로 쏟아내서
화(禍)를 불러오는 것은 목구멍이 아니고
이 소리, 저 소리, 필요 없이 나불거려서
혀가 불러들이는 것이다.

인간들이여

권위(權威) 의식가지고서 우쭐거리다가
남은인생 나락으로 추락(墜落) 하는
어처구니없는 통탄할 일들을 만들어가는
제멋대로 잘나가는 그들만의 무대(舞臺).
허가받은 실수에 고귀한 생명들이
권리조차 간데없이 사라지는 어이없는 사회.
피해자의 인격까지도 가해자가
쥐고서가는 기가 막히는 시대(時代)
감정이 격해지면 분별을 상실하고는
추저분한 짓거리에서 극악무도한 만행까지
듣고서 놀라고, 보고서는 할 말을 잊는다.
인간들은 지능과 지혜를 갖춘 동물이니라.
산과 들에 나뒹구는 짐승처럼 살지 않으려면
야비하고, 저질스런 모습을 남기지 않으려면
어제보다는 오늘을 위해서 직분을 다하고
오늘보다는 내일을 위해서 최선을 다하자.

평안을 만들자

돈들이 변절하나 사람들이 비열한가.
세상 천지에 인간보다 잔인(殘忍) 하고
천박하며, 야비(野卑) 한 것은 없으리로다.
사욕(私慾)은 모든 것을 차지하고도
부족(不足) 하여 못된 짓을 가리지 않았고
성욕(性慾)은 상대를 만족의 도구로
골라서 즐기고는 살해(殺害) 까지 하고, 있다.
끝이 없는 탐욕은 인간에게 붙어있고
샘물처럼 솟아나는 성욕은 무슨 짓을 더할까.
성욕과 돈(紙幣) 둘 중에 하나라도
관리를 소홀히 하면 벼랑으로 추락하여
고민이라는 구덩이에서 허우적이게 될 것이니
참고, 자제하여 평안을 만들어 가는 수밖에
돈이라면 무엇이든지 다할 수 있는 사회라서
돈이 없는 쪽은 세상이 황량하고, 냉정할 뿐이다.

욕심이 남기는 흔적들

하루하루를 복잡한 생각 속에 마음 졸이면서
살아가야 하는 인간들에게 유일한 희망은
지폐라는 종이에 집착(執着)하는 것이다.
돈이라면 사족을 못 쓰는 인간은 원래가 그런 존재들
처음부터 남의 것을 탐하면서 욕심은 끝이 없다.
보고, 듣는 것만으로도 불길하고, 우울한 기분을 남기는
양심도 도덕성도 사람이라는 인성하고는 거리가 멀며
생각도 인격도 인간인지 짐승인지 구분하기 어렵다.
산전수전 공중전까지 다 겪었다고, 큰소리치는 것들
정신이 나간 인간들만이 살아가는 이런 시대(時代)는
얄팍한 사욕에 눈이 멀어서 떠들어 대는 무리들뿐이다.
탐욕으로 쌓여있는 재물 앞에 노역하러 모여든 노예들과
괄시받고, 무시당하며, 살아야하는 노비들뿐이다.
인류에게 가장 큰 저주는 끝이 없는 욕망(慾望)이며
엉큼한 시샘으로 질투를 하다가 시기심으로 멍이 든다.
인간들은 원래가 남의 것을 좋아하는 욕심쟁이다.

영혼까지 내다버리면

양심은 공짜로 그냥 가져가서도 되나
농간(弄奸)은 만금(萬金)을 준다 해도
드릴수가 없소이다.
인간들의 농간이 세상으로 나가면
모두가 고통에서 헤어날 길이 없을 것이오.
경우와 상식은 눈치 보며 밀려 날것이고
유대감이 허물러진 삭막한 사회에서
도덕과 윤리는 성가신 존재가 되며
그나마 법까지 제 역할을 못해 무너지면
한줌의 체면까지 거덜을 내면서
서로가 서로를 무자비하게 짓밟을 것이다.
사욕에 눈이 멀어 영혼까지 내다버린 그네들
발에 밟힌 뱀처럼 대가리를 흔들다가
이런 것 저런 것과 부딪쳐 성치 못할 것이로다.

사람다운 수준으로

사람의 기본과 수준은 본인들이 지켜가야 하고
우리의 평안과 행복은 자신들이 만드는 것이다.
의미(意味) 있는 시간과 공간을 만드는 것 중에
수컷은 암컷을 암컷으로 보지 않고
암컷은 수컷을 수컷으로 보지 않으면
날마다 벌어지는 험악한 사건사고의
중심축이 저절로 허물어져 없어지리라

자존심은 가차(假借) 없이 유린당하고
인격은 보잘것없이 뭉개져 버린다.
누구와 누구 때문에 그렇게 되었고
무엇과 무엇 때문에 이렇게 되어가나.
잘되면 내덕이고, 안되면 남의 탓을 하는
불평과 원망이 사회의 혼란을 부추기는데
네 덕이고, 내 탓이라는 너그러운 마음으로
양보하고, 배려하는 자비로운 자(者)에게
복(福)과 행운은 저절로 굴러올 것이다.

공생관계

돼지로 태어났으면 돼지로 살아가고
개로 태어났으면 개로 살아 갈 것이며
닭으로 태어나면 닭으로 살아가듯이
인간들도 그와 같은 동물의 순번이면서도
지능과 양심을 갖추었기에
옳고, 그른 것에 대한 경우와 상식으로
모든 것들을 지배하면서 관리를 하고, 있다.
짐승들은 살기위해 힘이 센 쪽으로 모이고
인간들은 양심이 있어서 약한 쪽을 동정하지만
판단력을 상실한 자들은 권력자 쪽으로 몰려간다.
갖춘 지식과 처신은 전혀 다른 공간에서
그때그때 현실에 맞추어 행동을 하는 것이다.
그러나 우리 그리고, 모두가
올바른 양심과 도덕적인 윤리를 바로 세우고
옳고, 그름을 구분하여 규칙과 질서가 지켜 질 때
포근하고, 평안한 삶을 유지하게 될 것이다.

아쉬움을 만드는 행동들

본인들은 자신만은 괜찮은 사람이라고, 생각하지만
다른 사람들도 그 자(者)를 보고, 그렇게 생각 할까.
말 보다는 행동이 중요하고, 다음은 표현(表現) 이다.
다른 사람들 이야기는 듣지 않고서 자신의 이야기만
떠들어 대면서 불평불만까지 늘어놓는 것은
주변에서 사람들 그림자를 스스로 지우는 처신이다.
말(言)은 많을수록 인격과 신뢰가 무너지는 것이니
이야기는 되도록 줄여서 하는 것이 좋다.
남의 말을 가로채는 그런 사람과 신뢰를 쌓고
싶지 않듯이 본인 또한 다른 사람들 대화중에
끼어들지 말아야 할 것이다.
인간들은 망설이다가 많은 시간을 잃어버리고
살아가지만 시간은 망설이지도 않지만
되돌아오지도 않느니라.

고통의 아이템

돈이라는 거대한 종이배에 모두가 타고, 있다.
돈이 사람들을 이롭게 하는 것인가.
아니면 인간들을 괴롭게 하는 것인가.
가장 필요로 하는 것이 돈이 되는 것이기에
반대로는 매우 결핍한 경우도 돈이 만들어 논다.
그래서 몹시도 잔인한 괴물은 돈이 되겠다.
아름답고도 환상적인 장면도 돈이 만들어 놓고
잔인하고도 처참한 현장도 돈이 만들어 간다.
명예와 권력과 향락을 누리는 것도 돈이고
명령하고, 허락하고, 지시하는 것도 돈이지만
강도에 폭력에 파괴와 살해까지 돈이 만들고, 있다.
무엇이든 할 수 있는 것을 다하는 것이 돈이라면
아무것도 할 수없는 것도 궁색한 돈이 되는 것이다.
뺏었다가 뺏겨다가 인생을 비참하게 만드는 것은
누구라도 외에 없이 돈이라는 요물에 환장(換腸)
병(病) 이든 고통의 아이템이다.

노력과 운(運)

오용과 남용이 인생을 몰락시켜가고
나태와 추태가 생활을 타락시키며
사욕과 탐욕이 개인을 몰락시킨다.
이렇게 저렇게 모아놓고, 쌓아놓은 재물들
또는 천년만년 살아갈 것처럼 악착같이
이기적인 처신으로 축적해 놓은 재산과 소유물들
쓰고(私用)서 갈래(來世)
놓고(保管)서 떠날래(極樂).
아니면 붙들고, 가볼래(黃泉)
자연의 이치(理致) 중에 일부인
인간들의 수명은 아무도 모른다.
아무리 좋아하고, 사랑하는 사이라도
같은 날 같은 시에 마무리 할 수는 없으렷다.
사는 날까지 건강하게 지내려면 몇 가지는 본인들이
알아서 실천(實踐) 해야 하는 것뿐이고
노력 다음으로는 운(運) 이라고, 봐야 할 것이다.

부모는

인류의 보배가
신(神), 기적, 사랑으로만 이어지겠는가.
마냥 머물러 있어야 할 것만 같던 여기………
그러나 잠시 잠깐 머물다가 떠나는 인생길
낳아서 먹이고, 입히고, 키우느라
가진 것 모두를 쏟아 놓으시고도
무엇을 더 챙겨 주고, 싶으셔서
노심초사 근심걱정으로 지새우셨지
천지신명, 하나님. 창조자가
바로 이 분들 이시거늘………
가족이라면 모두다 본인이 부담(負擔)하는
부성애(父性愛)와 모성애(母性愛)로
위대하게 헌신만을 하신 분에게 무슨 핑계들이
그리도 많은지 모질게 외면한 댓 가로
때 늦은 후회만을 가슴에 안고서
살아들 가누나.

나와 너의 임무

자식들을 생각하는 부모의 마음은 자비(慈悲) 뿐이고
부모를 생각하는 자식들의 마음은
귀찮은 존재로 생각하는 망종(亡種)의 시대
부모는 혼자서라도 열 자식을 거두어 살고자 애를 쓰나
열 자식들은 하나 남은 부, 모, 마저
모시기 싫어 꼼수를 부리며, 서로 미룬다.
부모의 피눈물을 뽑으면서 성장하여
가족들의 따뜻한 보살핌으로 살아왔던
인간에게는 어느 누구도 외에 없이
중요한 의무(義務)가 있는 것이다.
자식들을 보살피고, 부모를 봉양(奉養) 하며
설령 고난과 역경(逆境)이 몰려온다 해도
잡았던 손을 놓아서는 아니 되고
가족과 가정의 평안과 안녕을 지키는
피해서는 안 되는 임무(任務)가 있는 것이다.

습관은 버릇이다.

특별한 사연(事緣) 들이 아니어도
보고, 듣는 것들이 많아서
참고, 기다리지 못하는 분별없는 생각들
듣는 자는 지혜와 슬기를 터득하지만
말을 하는 자는 불만과 후회를 쌓는다고, 했다.
듣는 자가 말하는 자를 움직이게 했듯이
듣는 자들이 말하는 자를 광대로 만들기도 하니라.
정신력으로 언행(言行)을 관리하지 못하면
필요(必要) 없는 말(言) 들을 지껄이면서
자신을 볼품없는 웃음거리로 만들어도 가니라.
하찮은 습관들을 가벼이 여기고, 지속하게 되면
행실은 징크스라는 버릇으로 인습이 되어서
남은 생(生) 마저 고생을 면치 못하리라.
습관하고 버릇은 마약과 같아서
몰락으로 가는 길을 재촉한다.

정신력(精神力)

고장이 나면 수리가 불가능한 신체(身體)
좋은 쪽이든 나쁜 쪽이든
내가 남의 몸에 손(手)을 댄 일이 없은데
상대(相對) 또한 나의 몸에 왜, 손을 대겠는가.
굳건한 정신력으로 착실(着實) 하게 지켜 가면
그래서 스트레스는 저절로 물러가고
욕망은 인내심으로 접어 가느니라.
완고하게 우겨서 듣는 것은 원망이고
완강하게 이겨서 얻는 것은 외로움 이라 했다.
보고, 들은 경험(經驗) 으로 판단을 하여
입(口) 다물고, 행동(行動) 조심하면
거슬리는 소리나, 장애물(障碍物)이 없으므로
근심, 걱정, 고민에서 자유로울 것이로다.
오로지 건강만이 평화로움과 행복이 존재하며
참고, 기다리는 자에게 성과(成果)가 다가오듯이
모든 이와 모든 것들하고, 공존(共存) 하리다.

후회하는 주인공은

지우며, 버리고, 없애도
계속 나타나며, 생겨나는 것들은
근심과 걱정이라는 잡념이 되는 것이다.
욕심이란 동반자가 아주 많은 생각과 복잡한
고민을 하도록 인간들의 삶 속에
만들어 놓았기에 불평과 원망은 행복에 겨운
자들의 사치스런 너스레에 불과한 것이리라.
어느 환자들이나 또는 장애인들에게는
복에 겨운 불평이라고도 할 것이다.
내 것을 만들려고, 움켜쥐려고만 하는 욕심들
놓았어도 곁에 머물러 있는 것들이
내 것 인줄 모르기에
세상만사는 지폐만이 해결사 노릇을 하는 것 같지만
재벌들도 부호들도 여전히 소송하고, 항소를 한다.
시간과 세월만이 제대로 알려 줄 것이다.
욕심이 요물이고, 흉물이라고······

종착역의 실체(實體)

어느 곳에서는 신들의 물방울이라고도 하고
또 다른 곳에서는 가난의 물이라고도 한다.
아주 많은 사람들이 단 하루도 안 마시고는
버티기 어렵다는 술이라는 요물이 성황중이며
집착성이 뛰어난 명물이라서 과오(過誤) 라는
막중한 사명(使命)을 고루고루 남겨 놓는다.
즐거움으로 몰려 갔다가 고통으로 끌려가기도 하고
정신없이 사정없이 먹고, 마셔대다가 과정이 지나면
사람인지 짐승인지 분간이 어려운 처신들을 하니라.
요물을 즐기고, 좋아하는 아주, 매우, 많은 인물들
달콤한 망상에 빠져 제멋대로 허우적이다가
대기 중인 퇴로(退路)의 객차에 줄줄이 실려
남김없이 실수(失手) 없이 가난이라는 종착역에
모두를 하차시키고, 있다.

인간다운 사회로

미워하는 마음은 불안을 생산해 내고
불평불만은 두려움을 만들어 내며
이기적인 행동들은 외로움을 감수해야 한다.
오만한 처신들이 무례한 인간을 만들어 내면서
교만한 행동들이 야비한 인간을 조성해 놓는 구나
험담을 하게 되면 증오와 원한을 사게도 될 것이고
무시하는 행동을 하게 되면 혐오감을 품게 만들 것이다.
지나친 자만심이 오만과 교만을 양육하여
주변 사람들을 불편하게 만들어도 가면서
사랑하는 사람들을 등을 돌리게 만든다.
인간들에게 아름답고, 따뜻한 마음이 존재하는 반면
자제가 어려운 성급한 성격도 같이 존재하는 동물이다.
올바른 처신들이 인간다운 사회를 육성하여 갈 것이고
배려하는 행동들이 아름다운 세상을 만들어 갈 것이며
곤란한 처지를 보고는 그냥 지나치지 않는 자(者)는
성인들의 반열(班列)에서 행동하는 사람이다.

오래도 가는 아이콘

귀가 있어도 들어서는 아니 되고
눈이 있어도 보아서는 아니 되며
입이 있어도 말을 하지, 못하게 하는
인간들 사회에서 교활하게 벌어지고, 있는
차별계급의 막장드라마 부익부와 빈익빈
소멸이나 시효도 없이 꾸며서 이어나가는
탐욕과 사욕이 만들어가는 비열한 수법(手法)들
만물을 창조하시고, 특별한 인간들에게는
혼과 양심을 최상으로 불어 넣어주셨다는
천지신명을 이렇게 저렇게 필요로 할 때마다.
본인들 마음속에다가 불러 모셔다 놓고는
보고, 듣고, 말하고자 하는 것들을
심판자로서 판단하고, 명령(命令) 까지 하니라.
양반과 노비제도가 저절로 되풀이 되는
그네들의 세상이 참으로 오래도 가고, 있다.

극과 극(極)의 선물

자연이 준 선물이 있다면 생명 탄생이고
신이 내린 판단이, 있다면 옳고, 그름이리라.
꽃을 보면 모두들 예쁘고, 아름답다고
생각과 마음으로 칭찬도 하고, 찬양도 한다.
인간들의 마음속에는 아름다운 생각과
즐거운 생각이 존재하는 반면
감정의 기복에 따라서는
극(極)에서 극으로 무섭게 돌변하여
잔인한 악마로도 불경한 짐승으로도 바뀌고
끼리끼리 마주치면
간에 붙었다가 쓸개에 붙었다가
돌아서면 뒤통수 노리는
파렴치하고 교활한 요물로도 변한다.
하루가 멀다 하고, 벌어지는
추악하고 끔찍한 크고, 작은 사건사고들
모두다 주범은 인간들이다.

인간이란

보고, 들은 것들이 많아 앎의 지식수준으로는
삼정승 육판서를 능가하고도 남을 것 같은 자들.
가진 것만으로도 의식주(衣食住)가 충분하련만
불평불만이 시도 때도 없이 나오는 까닭은
사욕을 관리하지 못하는 인격의 결함과
현실적응에 걸림돌이 되는 의지력의 부족이렷다.
잘못된 것들을 바로잡는 단호한 결의를 갖추면
옳은 것들이 다가올 기회가 만들어 진다고 했으련만
섭섭하고, 불편했던 것들만 생각하면서
교만과 거만이 몸에 밴 인격자들이라서
주변 사람들마저 거리를 두고, 가까이 하지를 않는다.
겸손과 배려를 즐거이 하는 사람들은
은혜로웠던 때를 기억하면서 아주 작은 것까지도
고마워하는 심성들을 갖추었기에
행복과 행운을 자신들이 만들어 가는
현명한 사람들이 분명하렷다.

지배력

더러운 것들을 만지고 나면 손을 씻는다.
냄새나는 것들을 만지고, 나도 손을 씻는데
지폐(紙幣)를 다룰 때는 논스톱이다.
씻지 않은 손으로 지폐를 만지작거리고
입으로 들어가는 음식과도 간접(間接) 자매다.
짐승들이 금(金)을 좋아 할리 없고
신들도 지폐를 한 장씩 세지는 못 할진데
오로지 인간만이 지폐를 좋아 하는 지라
깨끗한지 더러운지 분간도 못하고는
혐오스런 짓거리가 멈춤이 없음이며
꿈직한 행실(行實) 까지 줄을 이으니
악취와 병균들의 지배력에
차례대로 굴복(屈服)이 되어서
모두들 무아지경으로 허우적이다가
기운이 다하고, 재원(財源)이 고갈이 나면
하나 또 하나씩 자취를 감추게 되더라.

인생(人生) 종착역

생명체가 세상 밖으로 나오는 순간부터
시간과 세월(歲月) 이라는 요람을 타고
물길 따라 바람 따라 흘러, 흘러서 가는데
인간들만 유독 욕심이라는 올가미에 매여
이리로 저리로 정신없이 끌려 다니다가
현실의 엄청난 중량을 감당하지 못하는
줄이 끊겨지는 순서대로 생은 마감이 되니라.
완벽하고자 노력하는 자일수록 실수가 따르며
실수(失手) 다음으로는 불치의 치명상이 따른다.
죽자, 사자, 악을 쓰고, 벌어서 쌓아놓은 재물(財物)들
스멀스멀 여기 저기 손짓하는 명예(名譽)의 전당들
시도 때도 없이 찾아오는 성욕(性慾)의 향연장
제대로 관리하지 못한 내부의 징조(徵兆)로
번민과 울화병이 교전(交戰)을 벌이면서
넘어지고, 고꾸라지고, 뒹굴다가
사라지는 인생(人生) 종착역이다.

공명정대

애가 타게 기다리던 소식(消息)이 들린다.
전지전능하신 존재께서 이제 서야 오셨는가보다.
두려우면서도 기대 반, 염려 반, 이기는 하나
추악한 꼬리표를 거꾸로 매단 위대한 신분들부터
같이 가기 싫어서 음해하고, 모함하는 것들까지
눈치보고, 있다하니 세상이 변(變) 해가는 것인가.
해서는 안 되는 언행들을 계속하는 자(者) 들과
하지 말라고, 규제를 해도 고집과 억지를 내세워
다른 사람들 까지 해를 입히는 잔존(殘存) 들을
고루고루 찾아다니시는 코로나 대감을 심판자로서
고마워해야 하는 것인지, 두려워해야 하는지는
인간들 각자가 풀어야 할 과제(課題) 이리라.
어떠한 신들도 풀 수 없었던 숙제(宿題) 들을
차례차례 정리하고 있는 고마운 질병(疾病) 이여
이왕이면 공명정대하게 결론을 맺으소서.

세월이 뒤안길

사람이나 물건이나 세월 뒤엔 퇴물(退物) 이요.
시간과 세월(歲月) 앞에는 마지노선이 없으렷다.
불변의 법칙도 없듯이 완벽한 시행도 어려운 시대
쓸모 있는 교훈이란 도리(道理) 부터 시작이련만
갈등과 고민을 양심(良心)에 달아매고는
나불나불 유혹하는 재물(才物)을 쫓아
지폐(紙幣)로 부터 반쪽평생 농락당하고, 나면
혐오감과 비호(庇護) 감을 동반하면서
성욕(性慾) 으로 나머지 반쪽평생 애태우다가
의무(義務)도 선택도 모두 잃고는
교감(交感) 따라 호감(好感) 찾아 눈치 보면서
이유도 동기(動機)도 알지 못하는
휴식의 영면이라는 열차에 모두들 합석하고는
애매한 걱정거리 관심(關心)을 염려하면서
세월(歲月)의 뒤안길로 떠밀려간다.

어진 자(者)

배려에 대한 공경(恭敬) 심은 고마움에 심성이 되고
갖춘 자에 대한 존경심은 반감의 경외심이 되기도 한다.
가진 자들의 만족감과 가지지 못한 자들의 기대감
비교해서 비호(庇護) 감을 구성(構成) 하려 말자.
스스로 자랑하는 사람은 인격이 지속(持續) 되지 못하고
자신이 옳다고, 우기는 자는 판단을 제대로 못한 것이며
스스로 뽐내는 자는 공로가 오래가지 못한다고, 했다.
만족 할 줄 아는 자들은 들어내지 않는다고, 했듯이
어진 자(者)의 양심은 밖으로 들어내지 않아도
저절로 향기가 되어 풍겨 나온다고, 했음이다.
친해지고, 싶으면 공통점을 찾고
멀어지고, 싶으면 차이점을 찾는 것
남들에게서 칭찬(稱讚) 받는 사람은
다른 사람들을 칭찬 할 줄 아는 사람이다.

지옥과 절벽이 따로 없다.

지옥이나 절벽이 따로 없다.
양심을 외면하는 욕심이 절벽이고, 지옥이다.
천국과 지옥은 생각 속에 있으면서
마음으로 갈라놓고는 갈등에서 헤맨다.
욕심 때문에 항상 불평불만 늘어놓게 되고
입 만 열었다하면 핑계와 변명에 거짓까지
함부로 뱉은 것들 모두 되돌아 오니라.
제일 잘 들리는 짜증나는 소음은
본인의 입에서 나온 소리가 될 것이고
곤란한 말들이 생각을 오염(汚染) 시키며
과욕이 자멸(自滅)을 초래 한다고 했듯이
야욕은 파멸을 재촉하는 채찍이 되리라.
어차피 멈출 수없는 두 갈래 길 중에
하나는 절벽이고, 하나는 지옥이다.

그래도

눈(目)에 보이는 것과 귀(耳)에 드리는 것들
모두가 돈에 관련된 것들이라서
돈이 아니고는 살아가는 의미(意味)도 방법도
알 수가 없는 인간들만의 삶이 되었으렷다.
돈이 손에 잡히는 즉시(卽時) 향락부터 챙기는데
환락을 즐기는 자(者) 들은 정신분열에 시달리고
쾌락을 즐기는 자들 각종의 질병에 시달린다고 했으련만
한평생을 도망만 다니는 돈과 향락을 쫓아서 헤매다가
몸도, 마음도, 정신까지 망가질 대로 망가지고는
시달림에 지쳐버린 고달프고도 가련(可憐) 한 처지들로
남은 것이라고는 늙고, 병들어 쓸모없는 육신(肉身) 뿐.
정신감정은 사후(死後) 세계로 미루고
그래도 또 무엇인가 해보겠노라고
돈 타령을 읊조리고들 있다.

세심한 관리로

한번뿐인 인생(人生) 남을 미워하거나
원망하는데 소비(消費) 하지 말며
고장 나면 수리하거나 고쳐낼 수없는
신체(身體) 함부로 다뤄 훼손시키지 마라
태풍에 엎드려 있던 풀들만 살아남듯이
참을 줄을 모르면 계속해서 시달리므로
타협하지 않는 인간들은 견디지 못한다.
완전무결한 신체(身體)도 없겠지만
완벽한 정신력도 유지하기 어려우리라.
인간들의 감정과 생각은 개방적이다.
몸은 정신과 영혼의 전셋집이라 할 것이니
평소(平素)에 몸을 잘 관리해서
오래오래 양심이 유지(維持) 할 수 있도록
빈틈없이, 세심하게 관찰해야 할 것이다.

솔선수범

주변(周邊)을 평안하게 만드는 사람들은
분노나 노여움에 눈을 감은 자(者) 들이고
하루를 유쾌(愉快) 하게 보내면서
세상을 아름답게 만드는 사람들은
자만심으로 교만과 오만을 만들지 않는 자이다.
삶을 즐겁게 만들어 가는 인간들은
보고, 듣는 것들에 기분과 감정의 동요로
자신의 양심을 후벼 파지 않으면서
건강과 질서를 철저(徹底) 하게 지켜가며
양보와 나눔을 우선으로 실천하는 사람들이다.
채우면 비워야하고, 비우고, 나면 다시 채워지는 것
이 또한 세상 돌아가는 이치가 그러하다.
필요로 하는 것들을 찾고, 만들면서
노력과 의무에 최선(最先)을 다하여
생활의 즐거움을 만들어 가자.

따라서 웃는다.

이쪽 말 들으면 이 말이 맞는 것 같고
저쪽 말 들으면 저 말도 맞는 것 같으며
제삼자의 말을 들으면 그 말도 맞는 것 같다.
인간들의 감정을 잘 나타낸 구절이 되겠다.
때로는 보았어도 보았다고, 말하지 말고,
들었어도 들었다고, 대답하지 말라
곤란한 말들이 생각을 오염시키고
함부로 뱉어진 말이 양심까지 파괴한다.
도리에 어긋난 언행들은 지탄의 대상이 될 것이고
구실의 말들은 분란과 분쟁을 만들어 낼 것이다.
말은 짧게 하고, 이야기는 오래 들으라.
한사람의 하품이 연쇄반응을 일으키듯이
한사람이 웃으면 따라서 웃는다고, 했으므로
내가 먼저 웃으면 모두들 따라서 웃을 것이다.

언어의 가치관

타인들을 자신의 기준(基準)에 맞추어
평가(評價) 하고, 판단(判斷)을 하면서
타인들에게서 자신이 평가당하는 것은 싫다한다.
도도하게 자신을 과시(誇示) 하느라
참지를 못하고서 쏟아내는 말(言語) 들 때문에
듣는 사람들을 상대로 광대가 되고, 있다.
세 마디부터는 인격이 드러나고, 있으니
신중하고, 조심해서 나쁠 것이 없으리로다.

이런저런 말들을 신중하게 들어 주기만 해도
상대와의 신뢰(信賴)는 쌓여 가련만
누군가가 이야기를 시작 하자마자
한마디가 채 끝나기도 전에 끼어들어
큰소리로 떠들어대는 거만한 인간이 나타난다.
목소리가 큰 사람은 신뢰가 안 가듯이
혼자만이 아는 체 지껄여봐야 비웃음이고
우겨서 남는 것은 냉소뿐이다.

예, 또는 아니요.

예라고, 대답을 해야 할 때
아니요 라고, 말을 하는 사람들
돈(紙幣)에 눈이 먼 사람들이고
아니요 라고, 대답을 해야 할 때
예라고, 말(言)을 하는 사람들은
권력에 아부하는 무리들이 되렷다.
모두가 예라고, 할 때 아니오, 라고
한다면 따돌림이나 배척자로 몰려서
배신(背信) 이나, 배반(背反)의 낙인으로
두려움이나 위태로움도 감수해야 한다.
예, 아니오 는
경우와 상식의 모태(母胎) 이면서
옳고, 그른가의 근본이 되는 것이며
사실과 거짓의 기준이 되고는
언어의 품격과 품의에 따라서
확고한 인격이 드러날 것이다.

노예 제도

인간들 사회에서 차별적인 등급들은
오래전에 법으로 폐지를 하였지만
가진 자와 못 가진 자들의 격차로 인해서
노비와 주인의 제도는 절차대로 갖춰지는 것
살아서 남기위한 방법이고, 과정이리라
물질의 힘에 의해서 지배체제는
자연적으로 형성(形成)이 되는 것이고
양반과 상놈이라는 시스템도
행실과 처신으로 본인들이 만들어 가는 것이다.
가진 자와 못 가진 자들의 차등이 기초가 되어서
노비와 주인이란 제도는 저절로 생기는 것이리라
빈부(貧富)의 격차가 존재하는 한은
노예제도 같은 형평성 계급(階級) 사회는
음으로 양으로 유지하게 될 것이다.

신의 힘과 욕심의 리듬

천국과 지옥(地獄) 티켓은 왜 구분하고
하나님과 부처님은 왜 찾으시나.
사후(死後)에는 좋은 곳에서 누려보고자
이승에서의 영광을 놓기가 싫어서
살아있는 내내 욕심 때문에 고민이다.
심각한 상황을 모면(謀免)하여 보려고
위급한 처지(處地)를 비켜가 보려고
아니면 미래의 재앙(災殃)을 대비하기 위해서
천국과 지옥을 말하는 것이 거짓일까.
유토피아와 무릉도원을 찾는 것도 사기일까.
신들의 힘과 인간들의 양심이 곡예를 한다.
눈앞에 이익(利益)에만 정신이 팔려서
감언이설로 속이는 자들이 없어야 하고
기만하거나 횡령하는 자들도 없어야 한다.
사연(事緣) 없는 자도 없겠지만
욕심 없는 자(者)도 없을 것이다.

종착역에

돈은 스트레스를 거쳐야 건강과 연결이 되지만
쾌락은 곧바로 건강과 직결(直結)이 되어 있으렷다.
호언을 담보로 시간과 세월을 움켜쥔 것 같으나
건강은 어디만큼 뒷전으로 밀려있을 것이다.
모두들 첫째도 둘째도 돈과 쾌락을 좋아하면서
누가 누구인지 구분 없이 별아 별짓을 다하고, 나면
향락에 밀려난 위생은 품질마저 불량으로 밀려나고
따로 가는 몸과 마음은 쉴 곳조차 없을 것이며
망가진 건강의 쉼터는 찾아도 보이질 않을 것이다.
지금은 젊어도 언젠가는 늙을 사람들
늙기도 전에 여기저기 부속품들이 삐걱거리니
이런저런 핑계와 변명으로 구실을 찾아보련만
너그럽고, 자비로운 기적의 요람은 시간에 끌려
이미 멀리 떠나간 상태라 주변에는 없으리로다.

말(言) 들의 결과

앞에서 할 수없는 말(言)은
뒤에서도 하지 말라고, 하였으렷다.
쏟아진 물과 뱉은 말은 주워 담을 수가 없으며
생각을 여과(濾過) 없이 쏟아놓은 말(言) 들은
상대방도 본인도 곤란한 처지(處地)로 만든다.
말은 행동으로, 행동은 습관으로 가고
본인(本人) 생각과 마음이 그러하면
상대방들도 똑같다는 것을 왜들 모를까.
눈치가 달라지면 농담이라고, 변명(辨明) 하지만
농담도 자주하면 하나씩 등지게 되는 것이다.
말을 많이 하거나 함부로 하게 되면
가까운 시간에 되돌아와 자신을 평가하게 되는
궁색한 회초리가 된다.
보고들은 지식들은 입에서 결정이 되니라.

듣는 자와 말하는 자

말을 하는 자는 아는 것이 거기까지라, 했고
듣고서도 대꾸를 아니 하는 자(者) 는
검토하고, 분석하는 신중(愼重) 한 자 라서
그 깊이를 알 수 없다고, 하였으렷다.
값진 것을 위해 잠시 눈(目)을 감고
참된 것을 위해서는 귀(耳)를 닫고
진실한 말(言)을 하기 위해서는
한동안 침묵(沈默)을 한다고 했으리요.
귀를 호강하게 하는 달콤한 목소리 들이
돌고, 돌아서 이런 사람, 저런 사람,
입을 통해 나올 때는 터무니없는 엉터리다.
티내지 않으면 구설수에 시달릴 리 없고
나대지 않으면 지적(指摘) 당 할리 없으며
듣는 자가 말하는 자를 움직이게 한다고 하니
언행이 신중하면 신상(身上)이 평안하리라.

극락과 지옥이란

가혹하고도 무자비한 현실은
인간들 자신들이 만들어 가는 곳이다.
극락과 지옥은 죽어야 가는 곳이 아니고
살아있는 지금 현실은 천국인 것 같으나
마음속은 언제나 지옥(地獄) 같은 기분이다.
죽을 때죽더라도 본인의 방식대로 하겠다는 꼴통들
나와 생각이 동일하면 어울려 가는 곳
나와 생각이 틀리고, 부정하면 못가는 것
극락과 지옥은 자신들이 만들어 가면서
이득과 손해가 되는 것에도 기준을 두고는
자신들이 득을 보는 것에는 극락(極樂)이 되고
본인들이 손해가 되는 곳에는 지옥으로 나눈다.
인격과 양심이 아주 잘 제휴가 되면서
즐겁고, 행복하면 천국(天國)에 와있고
힘이 들고, 고통스러우며, 마음에 안 들면
지옥에 가있다.

엉터리는 아닌데

과일나무를 심었더니 애물들이 열리고
채소들을 가꾸었더니 가격이 폭락하였고
곡식들마저 소비가 안 되어 처치곤란이다.
빈곤아 물러가라, 결핍아 사라져라
탄식하고, 하소연만 되풀이 하게 되는구나.
가난아, 궁핍아……
갈데없으면 그냥 머물러 있으려무나.
그냥 그렇게 그동안처럼 살자구나.
너네마저 떠나고 나면
남은 시간을 누구와 보내느냐.
평생을 허송세월로 보낸 것도 아닌데
후회도 되었다가 비애(悲哀)도 되었다가
더 이상 찾을 것도 기다릴 것도 없는
엉터리 인생으로 남게 되어 있음이로구나.
세상 어디에도 나를 기다리는 곳도 없지만
나를 위해 존재하는 것도 없는 것이다.

목적을 위해서

배신과 배반(背反) 복수와 보복은
되풀이 되는 악습(惡習) 이다.
동물들은 태어나면서부터 생존경쟁이란
먹이 다툼으로 시작이 된다.
처음 마주치는 경쟁자는 형제들이 되겠고
가장 많은 다툼과 투쟁도 가족끼리 벌인다.
서로가 서로를 제물로 삼고자하는 동물 중에서
가장 재능(才能)이 우수한 것은 인간들이다.
소송도 벌이면서 묘안을 짜서 암수까지 만들어 놓고
살인까지 하고서도 교묘한 수법으로 상대방에게
뒤집어씌우는 수완(手腕)도 일품이다.
방법도 방식도 무자비한 수법(手法) 으로
이익만을 추구하는 비열(卑劣) 한 수단가에다
상식이하의 짓거리부터 극악무도한 만행까지
지상(地上) 최고의 야비한 동물이 될 것이다.

제멋대로

술을 먹으려면 좀비들이 따라다니고
담배를 피우면 질병들이 따라다닌다.
본인들은 언제나 의학박사들이 되어있고
자신들은 항상 만물박사들처럼 떠들어 대더라.
그러면서도 돈에 미쳐있어 자나 깨나 돈돈
밤이나 낮이나 돈돈 꿈속에서도 돈 생각
시도 때도 없이 돈타령이다.
부와 명예를 가져다주는 돈에 미쳐 날뛰고
돈 앞에 양심(良心)은 양아치로 밀리며
분별력 잃은 사물은 쓰레기로 취급이 된다.
분명한 것은 인성과 윤리를 외면하다가
개와 돼지만도 못한 추잡한 인간들로
모두들 추락하고, 있으리로다.
이쯤에서 중단하거나 멈추지 않으면
더 이상의 희망은 자취를 감출 것이다.

세상은 좀비들로

자신들은 대저택 안에서 먹고, 마시고
볼 것 들을 것 다 보고, 듣고, 할 짓 다 하면서
대를 이어서 호화 호식을 누리고들 있으렷다.
눈을 뜨면 일을 하고, 먹고 나면 일을 하며
자고 나면 일을 해야 하는 것은 서민들의 일상이다.
벼락부자가 한(一) 명 생길 때마다.
벼락거지는 십만 명씩이나 나온다고, 하였으렷다.
머슴의 머슴으로, 노예의 노예로, 종의 종으로
머슴이 머슴을 갈아먹고, 노예가 노예를 물어뜯고
종(奴隷)이 종을 뜯어먹는 좀비들 세상이다.
별로 값어치도 없는 자존심이라는 욕심 때문에
명(命) 대로 팔자(八字) 대로 살지를 못하고서
상스럽고, 추잡하며, 미개한 존재로 밀려서
귀중한 생(生)을 저급하고, 침울하게
살아갈 수밖에 없는 처지들로
추락하게 될 것이다.

조금만 더 부지런하게

행운이 찾아오는 데는 지혜가 필요하지 않지만
행운을 붙잡는 데는 지혜가 필요하다고, 했으렷다.
현명한 사람은 모든 사람으로부터 배우는 자세이고
보다 강한 사람은 감정을 억누르는 자(者) 이며
보다 풍 족(豊足) 한 사람은 자신이 가진 것에
만족(滿足) 할 줄 아는 사람이라 했다.
남(他人) 들에게서 사랑받는 사람은
남들을 칭찬했던 사람일 것이다.
내일 하겠다고, 미루면 한 달이 흘러가고
다음으로 미루면 일 년이 흘러 갈 것이며
나중에 하겠노라고 하면 평생 못한다고 했으리요.
부지런하고, 지혜로우며, 자비로운 자에게는
복이 저절로 또는 찾아서 온다고들 하지만
미루는 자들에게 행운(幸運)이 올 리도 없지만
현명한 지혜를 갖출 수도, 남들에게 신뢰를
주거나 받을 수도 없을 것이리라.

분수와 능력

발자국을 만들어 길(道)을 알리는 자(者)가 있고
끼리끼리 어울려 신나게 먹고, 놀면서 사용한 것들을
그대로 버리고, 자리를 떠나는 자들이 있는데
비난만 받는 자(者)는 무성의한 자들이고
칭찬을 받는 자는 성의껏 행동하는 자들이다.
인간들은 언행과 처신에 따라서
향기가 나오기도 하고, 악취가 풍길 수도 있는 것
상대는 나의 거울이라고, 봐야 할 것이며
나 또한 상대의 거울이라는 것을 알아야 한다.
친절은 상대방들을 미소 짓게 하지만
신뢰를 잃으면 그동안 쌓았던 믿음도 흐려지니라.
분수를 모르고 허세(虛勢) 지수에 빠지면
인생을 제대로 유지하기가 어렵게 될 것이고
본인이 불행하여 빈궁하다고, 자책하는 것도
자신의 분수를 관리 못하고, 본인이 가진 능력을
제대로 알지 못해서 이렷다.

두런두런

마음대로 생각대로가 아니라
이렇게 저렇게 어쩔 수 없이
금수저들은 혼비백산 숨을 곳을 찾아 흩어졌고
은수저들은 두리번두리번 눈치들을 보고 있는데
흙 수저들은 눈만 끔벅끔벅
왜들 그러지?
배운 것이 없고, 아는 것이 없으니
몰라서 참으로 다행으로 남는다.
알고 나면 고민이 따라오는 사회(社會)
모르면 약이 된다고, 말을 하는 세상(世上)
무례하고, 발칙하며, 불경한 행동들이
욕망하고, 붙어서 괴기스런 불가사의에
눈(目) 들이 휘둥그러지고, 입(口) 들이 떡 벌어지는
놀랍고도 두려운 광경들을 미세한 바이러스들이
파격적인 전염병들을 데리고서 나타났다.
결과는 누구도 아무도 알지 못한다.

질병과 인간

계절에 찾아왔다가 다음 계절에 사라지는
질병들은 그렇게 다가왔다가 떠나간다.
인간들 역시 까마득한 옛날부터
각종의 질병들과 더불어 살아 왔으렷다.
지나치게 두려움으로 질병들을 마주하다보면
재능과 능력마저 업으로 소비하게 되니라.
아파다가 나았다가 걸렸다가 사라져다가
병원에도 가고, 약도 먹으면서
사정(事情)이 어려우면 자연치유도 하면서
정해진 것이 아닌 것 같으면 필요로 하는 만큼
이렇게도 저렇게도 형편도 바꿔보려 애도 써가며
그렇게 저렇게 숙명이라며, 지켜왔던 것이고
운명대로 따라서 살아왔던 것이리라.
인간들은 지능과 양심을 갖춘 동물이라서
참으로 다행이라는 생각을 가지게 된다.

모이면 저절로

속이 가득 찬 깡통은 소리가 나지 않는다.
비어있는 깡통도 소리는 나지 않는다.
소리가 나는 깡통은 속에 무엇인가가
조금 들어있는 깡통들이라, 그러하다.
이런 자(者)들 더러는 남을 험담하느라 말이 많고
주위에선 맞 장구를 하는 비겁한 자(者)들이 있으며
험담거리 만들어 여기저기 옮기며, 다니는
간사한 족들도 합류(合流) 하니라.
모르는 사람도, 아는 사람도 그 정도는 아닌데
조금 아는 자들만이 시끄럽게 떠들어 댄다.
입을 잘 다스리면 군자(君子)가 될 것이고
혀를 잘못 다스리면 소인배로 추락할 것이다.
규칙과 질서가 있는 곳에서는 소음이 안 난다.
어긋난 곳에서는 소리가 요란하니라.

현자의 생각

양심과 마음은 팔수도 살수도 없으나
줄 수는 있는 아름다운 보물이라 하였다.
그러나 필요 이상으로 보고, 듣는 것에
관심이 많고, 생각은 달라서 시시각각 변하게 된다.
이렇게 말하면 이래서 시비(是非) 거리가 생기고
저렇게 말하면 저래서 비방(誹謗)이 나돈다.
그래서 현자는 사람을 만나면 시선을 돌린다.
세치 혀가 몸을 망친다는 금언이 있듯이
그 사람의 입이 바로 그자의 그릇이고, 인격이 된다.
칭찬이란 말(言)에 발이 달려 있다면
험담에는 날개가 달려있듯이 격차가 생기고
이쪽을 쳐다보면 이쪽에서 구설이 생기며
저쪽을 바라보면 저쪽에서 소문이 나기에
현자는 인간들을 피해 발길을 재촉한다고, 했다.

바로 이분들

인류의 보배로 살고자하는 아주 많은 인간들
마냥 있어야 할 것만 같던 사연 많은 여기는
그러나 잠시 잠깐 쉬고, 머물다가 떠나는
인생(人生) 여정으로의 길(道) 이 라요.
낳아서 먹이고, 입히고, 보살피느라
인생의 모두를 쏟아 부으시고도
무엇인가를 더 채워 주지 못해서
노심초사 고민으로 평생을 보내셨나니
아버지의 걱정은 산과같이 무거웠고
어머니의 근심은 샘물처럼 마를 날이 없나니
오직 가족(家族)을 위해서라면
양심은 눈처럼 하얗고
마음은 비단결처럼 부드러우셨던
천지신명, 하나님, 창조자가
바로 이 분들 이 시라요.

종(種)은 같은 이치

호화로운 것들이 양심까지 잠식하려 하였던가.
질병이나 병균들도 같은 이치(理致) 라서
냄새와 체온에 민감(敏感) 하여
추위가 싫어 따뜻한 곳을 찾다가
이왕이면 잘 먹고, 잘 입고, 호화롭게 살며
크루즈와 비행기타며 여행을 즐기는
인간들에게 붙어 누려보려 하는 구나.
핑계와 변명, 분노와 배신으로 굴러가는
나쁜 것들을 혼내주려 무리지어 나섰으면
차례대로 치우고, 제대로 마무리 하시게나.
매서운 한파의 독불장군 겨울 추위도
봄기운에 밀려 어쩌지 못하고서 물러나며
지겨운 삼복더위도 가을 서리에 버티지 못하고
추워서 도망을 가듯이 자연의 이치(理致)는
무엇도 아무도 어쩌지 못하였느니라.
추상같은 율법으로 엄하게 응징하구려.

감별사

날씨가 화가 나게 되면, 바람이 세차게 불고
비까지 몰고, 와서 억수같이 쏟아 놓으면서
한바탕 변화무쌍을 요란하게 펼쳐보이다가
화가 풀리게 되면, 바람도 비도 물러가 버린다.
시행착오로 인해 실패라는 고난도 격어보고
모르고, 속아서 불량상품을 구입했다가
불쾌한 마음으로 한동안은 언 짠하게 지내도 보며
때로는 잘못된 만남이라는 상대로 인해서
예상할 수없는 일들이 들쑥날쑥 벌어지게 되니라.
인간들에게는 생로병사라는 여정이 따라서 다니며
가지가지의 변화무쌍한 시련(試鍊)의 삶도
성장으로 가는 필수 과제가 되었으렷다.
모두들 가난에서 벗어나고, 질병에서 이탈하여
고통이 없는 이상(理想)의 삶을 꿈꾸면서
무궁무진한 유토피아로 가는
자연의 감별사가 되고픈 마음이다.

수준이 미달이라.

본인은 괜찮고, 다른 사람들은 안 되는
이기적인 자들은 감히 마법(魔法) 같은 꿈들을
갈구(渴求) 하면서 살아들 가렷다.
신(神)도 아니고, 성인(聖人)도 못되면서
본인한테 잘하는 인간은 괜찮은 사람이고
본인한테 잘못하는 사람은 못돼먹은 인간이란다.
자신을 중심으로 자로 재고, 저울질을 하는
불손한 태도에다 성격도 거칠어서 누군가가
말만 걸어도 신경질을 앞세워 다투려 대들고
돈이 된다면 무슨 짓이라도 사양할 필요 없이
양심은 팽개치고, 정신없이 사정없이 끼어들며
쾌락만 즐길 수 있다면 가릴 것 없이 덤벼든다.
이러한 인간들 잘못을 인정하고, 사과할 수 있는
용기(勇氣) 같은 진정성은 없애 버렸고
자신의 인생 밀쳐놓고서 남들의 생활상을
참견이나 하면서 신경쓰다보면 자신의 삶은
어느 구석에 있는지조차도 모른다.

분명한 이론(理論)

거짓과 배신을 되풀이 하는
기회주위 자(者) 들은 정리가 된다.
뺏었던 만큼, 뺏겨야하고,
웃었던 만큼은 울어야하며
앞선 만큼, 물러나야 하면서
얻은 만큼은 잃어야 하는 것이
대 자연의 이치(理致)가 아니겠는가.
쾌락을 즐기는 자들 각종의 질병에 시달리고
환락을 즐기는 자들 정신 분열에 시달린 다했것다.
어느 누가 즐거움을 구분(區分) 못하고
쾌락을 싫어하는 자가 있겠는가.
즐거움으로 인해, 불쾌하게 되지나 않을까.
쾌락으로 인하여 아픔을 겪는 쪽은 없을까.
제대로 된 참다운 인간이라면 염려가 되고
걱정이 되어서 참아내는 것이리라.

어떻게 되려고

사람이 태어나는 신성(神聖) 한 곳만은
쾌락의 도구로 만들어서는 아니 되련만
일부의 무리들은 재물(財物)의 상품화로서
영상물을 제작하여 이득(利得)을 챙기고, 있다.
오로지 돈만 된다면 별아 별짓을 다해서
다른 생명체나 짐승들한테서는 볼 수없는
끔찍하고도 보기 흉하며, 난잡하고도 문란한
동영상들을 쾌락과 쾌감의 실습장으로 만들어
무분별하게 분산(分散) 살포시키고, 있다.
건전한 젊은 남녀들의 성격까지 혼란하게 하여
기피현상으로 독신자들을 만들어가고 있는 것이다.
자신들이 좋아서 별아 별짓거리를 다해서 만든
음란영상물을 다른 사람들도 좋아할 수는 없는 것
인류를 저버려 가면서 이익에만 미쳐 날뛰는
부분적인 집단들은 마지막 남은 종(種)의
경고장마저 외면하고, 있음이로다.

버릇

모르고, 지은 죄(罪)도 잘못이 되듯
알면서 고의로 지은 죄를 후회한다느니
뉘우친다고, 하여 상대방이 불행해 졌다거나
이미 생명(生命) 까지 잃은 사람들이
다시 제자리를 찾아질까.
끔찍하고도 잔인한 사건사고들은
바로잡지 못하는 보잘것없고, 하찮은
습관(習慣) 에서부터 시작이 된다.
콩 심은 데는 콩 나오고, 팥 심은 데는 팥 나오듯
벌레가 먹거나, 병이 나면, 꽃이 피지를 못하거나
꽃이 피어도 열매가 제대로 못 맺는다.
사람도 마찬가지로 성범죄나 도적질 같은 버릇은
잘못인줄 알면서도 거부하거나 외면하지 못하면
자식들은 하나씩 가르치지 않아도
곡식에 병(病)이 생기듯이
저절로 따라서 그대로 하게 되느니라.

공정한 이치(理致)

우주의 만물(萬物) 중에 분명하게 존재하는
자연의 이치(理致)는 매우 공정(公正) 하여
넘쳐나면 덜어내고, 모자라면 다시 채우고
이쪽에서는 저쪽을 보고, 저곳에서는 이곳을 보며
많은 것을 갖춘 것 같아도 분명 빠진 것이 있듯이
부족한 것 만 같아도 요긴한 것들이 채워져 간다.

자연(自然)의 순리대로 따르면
일원제(一院制)로 남아 견뎌갈 수 있겠으나
지속해서 지배하려들면 살아남기 어려운 상황(狀況)
시간과 세월을 거슬러진 온당(穩當) 한 댓 가들은
응징(膺懲)의 화살이 되어 아주 정밀하게
부메랑으로 되돌아와서
욕심을 채웠던 자(者)들 에게
정확하게 꽂힐 것이다.

여기서 그만

새님이 다가오면 모두가 두려워하고
새님이 머무는 곳은 고통이 시작된다.
여기저기 기웃거리다가 아무래도
잘못 찾아온 것 같은 암(癌) 새님
고희(古稀)가 지난 고목에 자리를 잡으셨구려.
누구의 비어(卑語)에 속아 몰래 스며들었나.
그래서 어찌하시려고?
딱히 자리를 털고, 옮겨가기 싫어서
고목(古木)과 함께 견디시겠다면
주어진 실리대로 누리다 갈 것이로되
욕심을 부리면서 미적댄다면
짧은 기간에 고목과 함께 용광로에서
연기로 사라질 신세(身世)가 될 것이다.
여기서 그만 갑 질(甲 疾)은 포기 하시게
이 세상 어디에도 새님을
환영하며, 기다리는 곳은 없으리로다.

모두모두

삼천리 방방곡곡 모두모두 놀라게 하고
오천만 마음과 정신을 의심케 하던 그날
따사로운 햇볕은 구름을 밀쳐보려 했으련만
서릿바람 매섭게 소원(所願)을 짓밟고, 갔네.
친척들은 외면하고, 이웃은 없으며
국가(國家)는 바빠서 챙겨보지 못했던
송파 세 모녀(母女)는 조물주를 찾아 가셨고
세월호의 가녀림은 자연(自然) 으로 돌아갔는가.
모면하려 애쓰고, 벗어나려 몸부림을 치며
탈출을 해보려고, 그렇게 최선을 다 했다오.
슬프고, 서럽고, 애처로운 그와 여기
강산은 신록(新綠) 이고, 물결은 선명(鮮明) 하며
하늘, 땅, 바다는 그대로 이련만
아~ 통탄할 일 이고나, 애처롭도다.
슬프고도 시려 웁도다.

마법 같은 기적으로

어디 좀 보자구나.
애들아 어디 있니?
엄마는 찾다가 눈이 멀었고
아빠는 기다리다 생각이 멎었다.
사람들이 너희들을 외면(外面) 하드냐.
햇살이 너희들을 비켜 갔느냐.
두려운 것 무서운 것 실체(實體)를 알아
누구도 무엇도 그렇게 말해주렴
절규와 고통은 그 자리에 멈추었다고
모두가 너희들을 잊을지라도
대양(大洋)은 너희들을 품에 안았고
하늘은 너희들을 지켜보고 있단다.
천지(天地)가 열두 번 뒤바뀌더라도
꿈이라도 좋으니 아빠 엄마는
네가 있는 곳이라면 어디라도 가겠다.
마법(魔法) 같은 기적으로 다시 만나자.

반대로 돌린다면

지구가 반대로 돈(回轉) 다면
미세먼지 걱정은 아니 해도 될 텐데
지구(地球)를 거꾸로 돌릴 수 있다면
태평양의 사나운 쓰나 미들이
모된 짓을 해왔던 모든 것들을
휩쓸고, 몰아서 수장(水葬) 해 버리고는
깨끗하고도 말끔하게 정리(整理)가 되련만
기적은 공상(空想) 속에서 기대는 추측(推測) 에서
불변의 원칙도 없듯이 완벽한 시행도 없는 것
허상(虛像) 속에 막연하게 그려보는 희망사항이로다.
대지(大地)를 거꾸로 돌릴 수만 있다면
경우(境遇)와 상식(常識)이 한동안은
올바르게 정리(整理)가 되어서
뜻과 이치(理致)가 그곳으로 모이고
목적대로 희망대로 되어 지련만.

자유인(自由人)

건강을 유지하면 세상은 아름다워지고
모두를 좋아하면 생활은 즐거워지리라.
바람처럼 자유롭고
구름처럼 가벼운 마음이 되고 싶으면
탐욕이나 이기심 같은 사욕(私慾)을 버리고
사실과 정직을 공유(共有) 하도록 만들어가자
고통과 시련을 감내(堪耐) 하면서
양보에서 용서까지 할 수 있도록
용기(勇氣) 있고, 예의바른 정신으로
천천히 마음을 다스려 보자.
정직한 것은 아름다운 것이고
솔직한 것은 용감한 것이며
참아내는 것은 숭고(崇高)한 것이다.
고정관념의 번데기를 벗어던지고
양심의 날개로 바꿔달고는
자유를 향해서 마음 것 훨훨 날아가 보자.

가치

눈(目)과 귀(耳)를 멀게 하고
양심까지 가리게 하는 것은 돈밖에 없으렷다.
인간들의 생활을 지탱하게 하는 것이 지폐라서
죽고, 살아남는 것까지 돈들이 좌우를 한다.
언제 어디라도 과제의 중심에 돈이 쌓여있다면
서로가 노려보는 대치(對峙) 국면의 중심이 된다.
먼 훗날 이네들의 자손들도 이렇게
서로를 경계하고, 응시(凝視) 하면서
팽팽하게 기회를 노리는 편협한 형국으로
두려운 사회를 살아가야 하는 야만적인 형편까지
억지로 만들어서 물려줄 생각들인 것 같다.
조금의 가치(價値)도 모른 채 이리들 하고 있다.
공정한 과정과 평등한 규칙(規則)을 선택하고
올바른 윤리와 정직한 양심을 바로 세워
모두가 안전한 평안을 만들어가야 하련만

하늘이 보고, 땅이 듣고, 있는데

상상이상의 잔혹성을 가진 것이 인간 이였나.
세상을 다 준다고, 해도 바꿀 수 없는 것이
사람의 생명(生命) 이거늘
일면식도 없는 자(者) 에게 능욕을 당하고, 나서
잔인하게 죽임(死) 까지 당하고, 있으렷다.
인간들이 이토록 무지비한 동물이던가.
계속 이어서 벌어지고, 있는 비참한 참상들
어쩌다가 이 지경까지 와 있을까.
단한번의 성욕(性慾)이 인간들에게는
세상과도 바꿀 수없는 생명의 값보다 크더냐.
어마, 무시한 쪽 부터 별 볼일 없는 잡신까지
인간들 숫자만큼이나 많은
신(神) 들은 무엇들을 하고, 계시나?
하늘이 다 보고, 있고
땅이 모두 듣고, 있는데……

자신을 알면

모든 인간들을 100% 으로 하면
80% 은 남자는 여자를 여자는 남자를
은혜 하는 한발 물러서거나 절대로
양보가 안 되는 다수의 타성이 되겠고
나머지 10%는 남자는 남성을 여자는 여성을
은혜(恩惠) 하는 지극히 조심스런
소수의 동성(同性)이 되는 것이며
남은 10%는 남자도 여자도 반반씩 은혜하며
성(性)에 집착성이 부족한
양성으로 구분이 될 것이다.
본인들의 선택으로 성별을 갖춘 것도 아니고
요청해서 얻어진 것도 아니며
마음대로 바꿀 수없는 태어남 이다.
상대 쪽의 성별을 구분해서 음해하는 행위는
본인들의 부끄러운 행실을 감추고자 함이다.

열광의 도가니

어디까지가 인격이고, 어디쯤부터 위선인가.
인간의 양심을 못 갖추고, 제정신이 아닌 것들이
부끄럽고도 민망하며, 난잡한 동영상을 제작하여
제멋대로 아무 곳에나 배포하는 무리들이 있다.
어느 특정한 인간을 골라 별종(別種)으로 만들어
인간이 만들어지는 숭고한 곳에다.
사람으로 태어나는 신성(神聖)한 곳에다가
별, 것들이 다 붙어서, 별아 별 짓들을 다해가지고
상한 생선을 반 갈라서 붙여놓은 모양에다
썩어가는 내장들이 너절너절한 모습인 것들을
또 다른 별것들이 탈을 쓰고, 몰려들어
빨고, 핥고, 쑤셔대 것 다고, 대기(待機) 중이다.
끼리끼리 붙어서 히히 낙락, 쾌락만을 몰두하는
지랄들을 하다가 회 까닥, 마법에 걸리고 나면
자식도 가족도 지옥으로 내몰아 버리고
남은 것은 극단적인 선택뿐이다.

왜들 그래

집이 있고, 가족이 있고, 터전이 있어서
마냥 머물러 있을 것만 같은 여기
시간이 흐르고, 세월이 흐르면
나도 가고, 너도 가고,
누구도 남아 있을 수없는 곳이다.
내 마음에 들고, 내가 지니고, 있는 소중한 것들
나 자신은 언제 어디다가 어떻게 활용하면서
가족과 후손들은 얼마나 가치 있게 사용하게 될까?
어느 누구도, 알 수도, 장담할 수도, 없는 결과(結果)
그중에서 거짓의 부피하고, 죄의 무게는 자와 저울로도
재거나 달아볼 수없는 마법(魔法) 같은 존재 것만
이곳에서 우리는 왜들 이래야 하지?
영원히 살아서 남아있을 것처럼 행동하는 모두들
계속(繼續) 남아서 머물 수 있는 것은
미워하지 않고, 다두지 않고, 싸우지 않으며
과시(誇示) 하지 않는 것들뿐이거늘……

심리

위대한 분들의 명언(名言) 이나
고귀한 진리(眞理)의 명심보감도
계속해서 되풀이 하거나 공론화하면
생활의 고통으로 힘들어 하는 자들에게는
별로 관심(關心) 없는 의미가 될 것이고
수준이 미달인 자들에게는 개똥철학으로 추락하고, 만다.
하지 말라하면 더 하고 싶고, 하라고 하면 하기 싫은 것이
인간들의 저항(抵抗) 에서 오는 심리가 되는 것
듣고, 싶은 말만 들으려 하지 말고
듣기 싫은 말도 듣고서 구분을 하고
보고, 싶은 것들만 보려하지 말고,
보고, 싶지 않은 것들도 보고나서 구별을 해야 하느니.
더 많이 보고, 들은 자(者) 들이
풍부하고도 자신(自信) 있는 처세술을
유용하게 활용(活用) 할 수 있을 것이다.

처세술

이리가면 길이 막히고, 저리가면 길이 없고
다시 되돌아가자니 기막힌 사연(事緣) 들이
천근만근 발길을 무겁게 하느니라.
가난을 피해 열심히 도망을 다녔는가, 했더니
이런저런 또 다른 가난에 휩쓸려 헤맨 것 같고
돈만 보고, 이것저것 분별없이 사력을 다 하느라
엉터리 이해관계에 집착하여 거간꾼도 되보고
불평불만에 음해, 험담, 저주도 해보았지만
근심, 걱정, 고민이라는 삼매경 덩어리를
버리지 못하고서 여기까지 오고 있다.
발을 밟혀 을 때는 불쾌한 성질을 드러냈고
손해를 볼 때마다 짜증나는 성품을 보였으며
거절을 당하면 모난 의도(意圖)를 드러냈으니
찾는 자도 없고, 기다리는 자도 없으며
갈 곳도 없는 막막하고도 답답한 처지로서
가련하고도 처량한 신세가 되어 있으리로다.

차분(差分) 하게

어떤 누구라도 머물러다가 떠난 빈자리를
확인해보면 그 사람의 인격과 성품을
알 수 있다고, 해것다.
급하면 실수를 하게 되고,
서두르면 후회할 일도 생기며
정신없이 서둘러대면 손해도 보면서
원망도 듣고, 망신도 당하는 것이 인생이다.
욕심은 부릴수록 힘든 일만 생길 것이고
천천히 신중하게 양보하면서 쉬엄쉬엄
행동해도 정해진 것과 정해진 곳을
벗어나진 않을 것이다.
지나치게 칭찬을 받는 자리는 관리가 어렵고
너무 무능해도 취급(取扱) 자로 밀리므로
눈에 튀지 않고, 큰소리 나지 않게 조용히
중간쯤에서 묵묵하게 따라서 하는 것이 좋다.

소문

똑딱하는 일초에 30만 킬로를 이동한다 하여
세상에서 가장 빠른 것은 빛이라 한다.
그러나 인간들의 소문은 그보다 더 빠르다.
빛이 삼천만년 동안 이동하는 그이상의 거리를
소문만으로도 단 순간에 이동을 하니까.
구별하고, 구분하는 지능과 인식의 능력으로서
구사(驅使)와 전달하는 언어의 재능이 뛰어나기에
모든 것들을 지배하는 것이겠지만
보고, 들으면서 분류하고, 헤아리는 자체가
까닭은 빛이 있기에 가능한 것이렷다.
빛이 있으니 어둠과 밝음이 구별되지만
빛이 없다면 옳고, 그름도 구분하기 어려우리라.
인간들의 지능은 진화(進化)의 유산물이기에
빛 속에서 공유하는 자연의 일부분일 뿐이다.

이대로가 좋다.

바보가 보이면 사람들은 웃는다.
자신들은 바보가 아닌 것 같아서
바보한테는 도움을 줄 것 같은 친구들이 모인다.
편한 친구는 넉 투리를 잘 들어주고
평생 친구는 비밀을 잘 지켜준다.
그러다가 통박을, 굴리는 약삭빠른 친구는 떠난다.
상대를 바보로 보는 인간들은 본인이 바보 수준이거나
참지 못하는 조급한 성격들이라서
험담을 함부로 내뱉고, 본인의 주장만 말하지
남의 말을 귀담아 듣지도 않는다.
신중하게 기다리는 사람은 세심한 인간이라서
언제 말을 해야 할지, 왜 침묵이 필요한지를
상대방을 통해서 숙지하고, 숙련하는 자(者) 이다.
바보는 세상이 천국으로 보인다.
그냥 이대로가 좋으니까.

반감(反感)

가진 것이 모자란 인간들은 가진 자들의
외모만 보고도 비교(比較)가 되어
갈등과 반감으로 시작을 한다고들 한다.
못난 인간들의 가치는 잘났다는 인간들의
소문만 듣고서도 시기를 하며, 샘을 낸다, 했고
장애인들의 고통, 또한 건강한 사람들의 외모에서
비교되는 어쩔 수없는 인과관계로 고민을 할 것이다.
본인의 언행에 동조하는 사람은 괜찮은 인간이고
자신의 언행에 시비를 다는 사람들은 못된 인간들로
착각하면서 살아들 가는 사회(社會)에서 주변의 사람들을
내 마음에 맞게 바꾸려 하지 말고 바꾸려는
내 욕심을 내려놓는 것이 현명한 선택이라 할 것이나.
내 마음 하나도 마음대로 어쩌지 못하면서
다른 사람들을 내 마음에 들게 바꿔 보겠다는 것은
먼저 자신부터 마음과 정신을 바꾸고 나서
다시 생각해 봐야 하리라.

여기서 그만

마시자마자 암을 때려잡는다는 알 콜 한잔은
부글거리는 주정뱅이들의 소문 만복 내.
살아서 천국과 지옥을 왔다갔다 하게한다는
마약의 실체는 쓰라린 후회의 기호식품
차지하고, 누리고, 할 짓 다하고 나서도
또 다른 남은 짓거리가 습관과의 투쟁이다.
허영심이 호기심(好奇心)을 만들어 놓으면
이기적인 처세술이 교만과 오만을 불러들이고
줄줄이 근심, 걱정, 고민이 뒤를 따른다.
삶은 하늘이 주고, 행복은 본인들이 만드는 것
여기서 그만, 생각 없는 언행들을 뒤로하고서
무가치에서 가치 있는 쪽으로 옮겨가는
인간들의 아름다운 최상의 슬기는
보고, 듣고, 경험으로 배워가는 소중한
보물(寶物) 인내력이 되렷다.

관례(慣例) 라는 족쇄

수단과 방법을 가리지 않는 괴물(怪物)들
소박한 삶을 약탈해가는 반역자들을 색출합시다.
보는 것도 법이고, 듣는 것도 법이요.
저절로 흘러오는 냄새까지 법(法) 이다.
아는 것이 병(病) 이면, 모르면 약(藥) 이라서
사(死) 하면 돈이요. 생(生) 하면 고생이 된다.
병을 나누어주고는 약을 파는 반주(伴奏) 들은
멋대로 어르고, 입맛대로 뻥치다가
본색(本色)이 드러나면 거짓말로 우기고
핑계와 변명으로 날조(捏造) 해서 버무린다.
사기꾼들이나, 투기꾼들이나, 그놈이 그놈
들키면 범죄이고, 안 들키면 사업이란다.
그 때도 법이였고, 지금도 법이라서
소리치고 발악해봐야 거들떠도 안 본다.
관례라는 족쇄(足鎖)와 올가미에
법들 까지 채워져 있으니까.

과감한 용기(勇氣)

무엇과도 바꿀 수없는 가장 소중한 것은
본인(本人) 자신의 운명이 될 것이다.
슬픔과 절망 같은 고민에 오래 머물지 못하게 하라.
자신을 수렁으로 몰아가지 않으려면
술과 같은 기호(嗜好) 식품에 멍들지 못하게 하고
고통을 남긴다는 쾌락에서 돌아서는 용기를 가져라.
무가치에서 가치(價値) 있는 쪽으로 옮겨 가려면
남을 원망하거나 미워하는 마음에 길게
집착하지 못하게 하라.
상대방의 말을 신중하게 들어주기만 해도
상대와 신뢰는 쌓여간다.
타고난 모습은 바꿀 수 없지만
성격은 달련과 숙련이라는 노력으로 가능한 것이다.
세상이 아름다운 것은 관리해온 건강(健康) 때문이고
삶이 즐거운 것은 필요로 하는 것들을 찾고, 만들어
공유하는 것이며, 다음으로는 마음이 통하는
좋은 사람들과 교유(交遊) 하는 것이리라.

아름다운 언행(言行)

상대방에게 감동을 줄 수 있는 것은
작은 것으로도 가능(可能) 하다.
누군가를 칭찬할 때는 여럿이 있는 곳에서 하고
책망을 하고자할 때는 당사자와 둘이서 하라했다.
사실이 그러해서 비난(非難)을 받는다면
그것이 사실이니 인정(人情)을 해야 하고
사실이 아닌데도 비난이 쏟아지면
비난하는 인간들이 스스로 자신들을 속이는 것이라서
지혜로운 사람은 어느 때나 분노(忿怒) 라는 과제를
관리하는데 게을리 하지 않는다고, 했으렷다.
사람이 아름다운 것은 갖춘 것들이나, 외모가 아니고
따뜻한 마음 그리고는 양보(讓步) 할 수 있는 자세와
배려(配慮) 할 수 있는 양심(良心) 되겠다.
상냥하게 배려하는 처신은 어느 누구에게도
따뜻하게 비춰지는 아름다운 모습일 것이다.

반복(反復)

태어남이 있으면 사라짐이 있듯이
인간은 누구라도 웃었던 만큼 울어야하는 것.
누구를 미워하면 자신도 그만큼 미움을 받을 것이고
즐거웠던 만큼 괴로워하는 것이 자연의 이치(理致) 이다.
가볍게 흘려버린 도리나 예절(禮節) 들이
후회(後悔) 거리로 돌아서 올 것이니
평소에 언행(言行)에 대한 관리가 중요한 것이다.
보고, 듣고, 경험을 통해 얻은 지식(知識)을
신중(愼重) 하게 관리하지 못하고서
되는대로 제멋대로 살고자 한다면
낮과 밤이 되풀이 되고, 계절이 반복(反復) 되듯이
갈망은 절망이 되고, 열망은 고통이 되어
저절로 뒤를 따르게 되어있다.

모범의 사례로

좋은 사람들과 오래도록 친분을 유지하고, 싶으면
남에게 상처주지 않도록 불필요한 말들을 삼가며
중간에 금전(金錢)이 끼어들지 못하게 해야 한다.
풍요로움 속에서는 친구들이 나를 알게 되고
역경(逆境) 속에서는 내가 친구들을 알게 된다고,
했듯이 마음에 와 닿는 친구라면 옳고,
그름을 가릴 필요가 없다.
어차피 적(敵) 이라면 믿으려 하지 않을 테니까.
착한 친구의 화가 난 얼굴은 악(惡) 한 친구의
웃는 얼굴보다 좋다고, 하였음이라서
기뻐서 웃는다면 더 바랄 것이 없겠지만
웃어서라도 다시 만남을 기약(期約) 하는 것이
서로에게 유익한 모범의 사례로 이어질 것이다.
사람은 따뜻한 양심과 지능을 갖춘 동물이니까.

양보하면 평화로워진다.

하늘아래 인간들이 있어서
아름다움을 열어 간다면
경우와 상식(常識)에 맞게 따르고,
규칙과 질서를 지켜가야 하리라
어른들을 우대(優待) 해야 만이
가정과 이웃이 평화(平和)로 워 지고
참고 기다릴 줄 아는 자(者) 들은
몸과 마음이 안정(安定) 되는 것
내 자식들을 귀(貴) 하게 만들고 싶거든
남의 자식(子息) 들도 소중하게 여기라 했고
나의 존재(存在) 또한 인정받고 싶거든
남들을 존경(尊敬) 해야 할 것이다.
양보와 나눔을 실천(實踐) 하면서
즐거운 세상을 계속해서 만들어가 보자
배려(配慮) 하며, 베풀면 자손들 까지
복(福)을 받을 것이다.

시작은 양보(讓步)로

거짓말은 사실과 달라, 진실이 될 수 없고
잘못 또한 들러난 결과라서 되돌릴 수 없다.
선과 악은 길이 달라서 둔갑이 안 되므로
선을 베풀면 자손들 까지 복을 누릴 것이고
악을 저지르면 대를 이어 고통이 내려 갈 것이다.
서로가 시기하고, 미워하며, 상대와 다투게 되면
잘못의 시발점이 되면서 악의 근거가 되는 것이고
도리에 어긋난 언행들은 악순환의 근원이 될 것이다.
본인의 삶과 남들의 삶을 비교(比較) 하여
불평불만 늘어놓아 보아야 본인(本人) 만
우스운 꼴이 되거나 비굴(卑屈) 해지는 것
양보하고, 배려하며, 용서까지 할 수 있다면
선의 원천이 되어 서로가 불편이 사라지면서
동화의 시작으로 사회는 평온해 지리라.

고질(痼疾) 병

정확한 거짓은 또 다른 거짓을 만들어 낼 것이다.
알코올은 계속해서 술을 마시게 하며
담배는 담배를 또다시 피우게 하는데
약(藥) 들도 또 다른 약들을 먹도록 만들 것이다.
마약 쟁이 들은 마약을 외면하지 못하고
도박꾼들도 도박장을 벗어나지 못하듯이
사기꾼들도 끼리끼리 사기 칠 작업에 몰입 하느니라.
계속되는 과욕이 자멸(自滅)을 만들어가고, 있으며
갈 때 까지 붙어 다니는 습관 이라는 고질병까지
욕망과 욕구의 끈을 놓지 못하기 때문에
관념의 정신병자들은 공상과 망상에서 헤매다가
환상과 허상(虛像)으로 끝이 날 것이니라.
자신들의 모든 것들을 잃기 전에
습관이라는 욕망의 모체(母體)에서
하루라도 빨리 벗어들 나시게나.

쑤셔 박힌 인격(人格)

맞아 죽고, 찔려죽으면서 인권은 같이 따라서 죽고
제멋대로 살해해도 인권(人權) 때문에 살아서 남고
인격(人格) 자(者) 들은 인권을 그렇게 사용한다.
인격과 인권으로 그렇게 저렇게 버티는 것들
재물과 명예로 꽉 차서 어슬렁거리는 육욕덩어리로
스멀스멀 기어 나오는 성욕(性慾)에 눈알이 꽂히면
단한번의 실수로도 쌓아놓고, 갖춰놓은
모든 것은 한순간에 날아가고는
쓰레기통에 쳐 박히기도 하니라.
눈과 귀를 멀게 하고, 양심까지 훔치는
재력(財力)가와 능력(能力)가와 정력가들
탐욕으로 쌓아놓은 재물에는 사악한 원한과
고통이라는 요물(妖物)도 묻어서 따라 왔기에
눈과 귀를 몰고, 다니던 귀하신 몸(者) 종당에는
쓰레기차에 실려서 쓰레기더미에 쑤셔 박히고는
모범이 되시는 신분으로 남으리라.

자리를 피했다

인간들이 번창하면서 신들은 밀려났고
도망가지 못한 신(神) 들은
인간들의 상품으로 전락하였으렷다.
인간들의 사욕(私慾) 이라는 공간은
신들이라도 감히 넘볼 수 없기에
생각의 간격은 가까웠다가, 멀어졌다가
우여곡절로 굴곡이 심각한 영역이로다.

아니 땐 굴뚝에 연기가 나올 수도 있고
안 나올 수도 있는 것은 이렇게도 저렇게도
마음과 생각 속에서 답을 찾는 구실이며
인연과 악연은 돌고, 도는 진행형이다.
알아든, 몰라 든, 동문서답이라도 좋으니
서로가 고마워하고, 모두가 감사해야 하는
마음과 생각을 갖추는 세상이 될지어다.

숙명(宿命)

달면 삼키고, 쓰면 뱉는 세치 혀가
행운을 불러 오기도 하지만
화를 불러들이기도 하렷다.
남을 험담하는 사람들은 경망한 자들 이고
이에 맞장구를 하는 무리들을 비겁한 짓이며
사연을 옮기는 자들은 간사한 것들이라 했다.
언행이 제멋대로인 인간들이라
욕심(慾心)은 눈(目) 들을 멀게 하고
사욕(私慾)은 정신을 미치게 하며
탐욕(貪慾)은 행동들을 열광(熱狂) 시킨다.
선한 언행은 선(善) 하게 그대로
악한 언행은 악(惡) 에 따라서
부메랑의 유람(遊覽)을 타고는
숙명(宿命) 이라서 늦지 않게 정확하게
본인(本人) 한 테로 찾아서 오렷다.

가난이란

가난은 옹 달 샘물처럼
멈출 줄을 모르고, 쏟아 나온다.
가난은 시냇물처럼
막힘이 없이 흘러서 내려온다.
가나은 착한 사람들을 찾아서 다니고
가난이 만나고 싶은 자들은 서민(庶民) 들이다.
가난은 아주 작은 틈으로 슬금슬금 들어와서
떠날 생각을 안 하고서 경험(經驗)을 가르친다.
가난은 할 수 있는 것들이 별로 없어서
불편한 것들이 많아 두려운 것이 사실이다.
가난은 안 되는 것들하고, 같이 붙어 다닌다.
경우와 상식을 만드는 양심과 가난은 친구가 되니라.
가난은 정직한 곳에서 자리를 잡는다.
가난으로 태어나서 가난으로 살다가
가난과 함께 사라지는 그런저런 사이들이다.

사랑

사랑은 이유 없이 베푸는 것이어야 하고
사랑은 구분 없이 헌신해야 하며
사랑은 무조건 양보를 해야 싹이 튼다.
가려서 봉사(奉仕) 하는 것은 부족한 사랑이고
계산하면서 주고, 받는 것은 사랑이 못자라며
사랑은 주는 것이지 받는 것이 아니다.
사랑은 눈으로 보는 것보다.
행동으로 하는 것보다.
마음으로 읽는 것이라 했으니.
상대방이 잘 되기만을 바라고
안의를 걱정하는 것이 진정한 사랑이 되리라.
행복해지고, 싶으면 가리지 말고 사랑하고
평안해지고, 싶으면 무엇이든 사랑해라.

누구라도 그렇게

아름다운 마음이 있어야 웃을 수 있고
자비로운 생각을 앞세워야 소통이 되니라.
경우와 상식이 이탈(離脫) 하면
신뢰와 믿음이 무너지고
옳고, 그름을 무시(無視) 하면
규칙과 질서가 무너진다.
부족은 배려함으로, 행복은 나눔으로
모두가 기대치를 낮추고, 조금씩만 양보한다면
웃을 수 있고, 소통할 수 있는 길이보일 것이다.
어느 누구도 행복과 즐거움을 멀리하며
향락과 쾌락을 싫어하는 자는 없을 것이다.
다만 짐승들처럼 판단과 구분을 못해
체면이 구겨지고, 인격이 무너질까.
염려해서 조심하며 참아낼 뿐이렷다.

들었으면 보고나서

도적놈은 사기꾼을 향해 질책(叱責)을 하고
사기꾼은 도적놈을 보며, 원망(怨望)을 하는데
허구(虛構) 하고, 사기(詐欺)는
살아있는 자(者) 들의 핑계가 되고
양심과 성실은 죽은 자들의 유물(遺物) 이라오.
이렇게도 보이고, 저렇게도 들리기에
이것이다, 저것이다, 가리기 어려우며
들리는 게 전부(全部) 가 아니기에
옳다 그르다 말할 수 없으리로다.
눈으로 보이는 내용(內容) 보다
귀로 들리는 사고(思考) 가 더 많기에
들었으면 보고나서 결정들을 하시게나.
말이 많은 자들은 궁금한 것들이 많아서고
신뢰의 비결은 듣고서 웃어주는 것이다.

설명이 필요 없다,

모이면 쓰레기, 쌓이면 구더기
함부로 버려대고, 제멋대로 배설하고
여기저기 모여서 시끄럽게 다투는데
소리가 큰놈은 지폐를 잡은 놈(者)
끙끙 앓는 놈은 잡았다가 빼앗긴 놈
투덜투덜 대는 놈은 소리만 들은 놈
싹수가 노란 놈은 조상(祖上)을 원망하고
하나님을 찾는 놈은 당첨이 된 놈이다.
재수가 없는 놈, 재복(財福)이 있는 놈
사기꾼 날강도 이런 놈, 저런 놈
모함과 배신은 신(神)들을 능가하며
대박은 꿈이고, 보물은 환상(幻想)이다.
어차피 거쳐 가는 여정(餘醒)의 한 토막.
이렇게 저렇게 어울려 살다가 때가되면
소리도 그림자도 아스라이 멀어져 간다.

재물(財物)이란

있으면 고민(苦悶) 없으면 고생인 재물들
가진 자는 해가지는 것이 무섭고
도적들은 날이 밝는 것이 두렵다고, 한다.
가장 좋아할만한 것들에 급소가 숨어있다 하니
행복해지고 싶으면 기대치를 낮추어야하고
평안하게 살고 싶으면 분수를 낮추라 했다.
따지기를 좋아하는 자는 반듯이 적을 만들고
재물을 탐하는 자들 반드시 재앙을 만날 것인데
누가 누구를 향해서 손가락질을 하고
누가 누구에게 잘못을 탓할 것인가.
재물(財物)이 태산만큼 쌓여 있어도
만족을 모르면 근심으로 이어질 것이고
가난이 떠날 생각 없이 머물러 있어도
분수를 알고, 처신에 과오(過誤)가 없다면
건강과 평안으로 이어질 것이로다.

품격의 통로

우리도 그쪽을 알고, 그쪽도 우리를 알고, 있다.
그 정도는 알고, 있다고, 떠들어 대는 자는
지혜로움이나 이해력이 부족한 자(者) 이고
아직 모른다는 마음으로 다른 사람의
이야기에 귀 기울이는 자는
더 큰 지혜를 쌓아가는 사람이다.
누구들 때문에 이렇게 되었고, 무엇들 때문에
이리되었노라고 핑계와 변명을 하는 자들은
상대방 누구와도 친분을 만들지 못할 것이고
어느 누구도 이런 자와 가까이 하려 않을 것이다.
말의 표현 방법에 따라 사람의 품격이 달라지고
말의 품의에 따라 인격이 드러날 것이다.
입(口)은 화가 들락거리는 통로라서
차단하라고, 입술이 있고
귀는 모든 것을 듣고서 판단하라고
귀(耳) 마개가 없다고, 했다.

카드와 패(牌)

음지와 양지가 뒤바뀌고 나면
참담한 재난은 필연코 찾아오는 계절풍.
옳 것이 왔다.
터질 것이 터졌다.
그리고는 아직 멀었느니라.
생존을 위한 패를 색출해서 펼쳐 놓아가고
고통으로 괴로워하는 장면은 그대로 인가.
사회의 인심과 세상의 흐름은 코미디다.
비전의 카드는 입법부가 갖추었고
공감의 패는 행정부의 몫이라 하며
반전의 카드는 사법부가 쥐고, 있으나
숨겨놓은 양심의 패(牌)를 찾지 못하면
감추어 놓은 카드를 알지 못하니,
어느 쪽은 난감하고, 힘겨운 의제(議題)들
미래를 위해서 국가는 확고해야 하지만
아직도 권리는 구상(構想) 중이다.

말세 만세.

그쪽이 이쪽을 개, 돼지로 알면
우리도 그것들을
우리에게 붙어사는 버러지로 부르자.
서양에서는 바이블이 협정서가 되겠고
동양에서는 명심보감이 지침서가 되렸다.
규칙과 질서를 잘 지키는 사회가 되라고
옳고, 그름을 구분하여 바르게 살아 보자고
왜, 그 분들은 애써 그렇게
언어와 글(文章)로 심혈을 기울이셨는가.
살아가는 이유조차 저버리는 무리들
서로가 서로를 속이고자하는
이미지가 뭔지, 요지경 같은 사회이기에
그리고는 각자 도생(圖生) 해서 살아남는
변수와 변화가 무상(無上) 한 세상이라서
말세 말세라고, 만세나 부르고, 싶지만
더 이상은 추락하지 않는 인격과 품격이
되었으면 하는 희망이 랍니다.

탓, 타령

가난이 문틈으로 들어오는 순간부터
사랑이나 행복 따위는 대문을 열고, 나간단다.
같은 배속에서 태어난 형제들도 네 것과 내 것을
따지면서 불구대천 원수처럼 지내는 한심한 사회.
대를 이어 가난에서 벗어나지 못하는 구조(構造).
생각대로 안 되면 이것저것 핑계를 대고
못사는 처지까지 남의 탓으로 원망을 해댄다.
죽어 나가야 의심이 조금은 누그러지는 형편(刑鞭).
사라지고, 없어져야 매듭이 풀어지는 세상.
영혼이 남아서 지켜볼 수나 있을는지?
거짓된 정신감정은 사후(死後)에나 하시라.
못된 짓만 골라하는 지저분한 인간들아
시궁창 같은 추저분한 곳에 오래도록 남아서
구역질나는 짓하며, 더럽게 살지 마라.
더 이상은 이런 소리 들리지 않는
세상을 찾고, 만들어 가자

C E O. 들의 분석(分析)

돈(金)에 맞추어 일을 하면 직업이 되고
돈을 넘어 일을 하면 소명(召命)이 된다하면서
직업(職業)으로 일을 하면 스트레스를 받게 되고
소명으로 일을 하면 행복(幸福) 이란 선물이 온다고
평계를 앞세워 여론과 선동을 환기시키고, 있다.
머리(頭腦)가 좋은 자(者) 보다
말(言)을 잘하는 자가 우선(優先) 하고
말을 잘하는 자보다 인사(人事)를 잘하는 자가
신뢰(信賴)를 얻는 시스템의 활동반경
고집이 세고, 제멋대로인 자(者)는 약으로도
방책이 없다하니 쓰일 일이 없을 테고
입(口)을 닫은 자 알맹이로 쓰일 것이며
입을 여는 자는 껍데기로 쓰이고는
빈정거리며, 건방 떠는 자는
쓰레기 통으로 보낸다 했으렷다.

따로 없는 지옥과 극락

지옥으로 갔다가 되돌아 온자들 없고
극락에 갔다가 다시 온 자(者)가 없거늘
지옥과 천당을 제집처럼 말하는 사기꾼들
내 주장에 동조(同調) 하는 자는 괜찮은 인간이요.
내 주장을 반박(反駁) 하는 자는 못돼먹은 인간이다.
좋다, 실타를 본인이 정하는 오만(傲慢) 한 사회로
귀를 호강하게 했던 달콤한 목소리들이
입으로 나올 때는 교만한 소리가 되듯이
친근한 언어는 관계를 유지(維持) 하는 밧줄이 되고
자신을 지켜가는 슬기로운 재산(財産)이 되련만.
사람들의 양심에는 마지노선이 없다하고
인간들의 말(言) 에는 결말이 없다한다.
우겨서라도 해결을 찾겠다는 다양한 언어들은
계속해서 쏟아져 나오고, 있는 것이다.

바닥이 드러나야

가까운 사이라고, 부탁(付託) 들을 해오고
친근한 관계라고, 요구(要求) 들을 해오는
난처하고도 복잡한 사회생활의 구성원(構成員)
재물의 노비(奴婢)가 되어 빌빌거리다가
성욕(性慾)의 종들이 되어 허우적이다가
그랬어야 하는지 두고, 보면 알게 될 때
시시각각 밀려오는 명분 없는 반성의 고민으로
스트레스가 쌓이면서 망각(忘却)이 나타나더니
공상과 망상으로 오랜 세월 숙성(熟成)이 되어간다.
각오한 다짐에도 노망(老妄) 이라는 단골손님부터
어김없이 찾아오는 할당량 치매(癡 呆) 까지
아주 많은 생각과 근심이 만들어 놓은 결과라서
어디서든 누구라도 아니고, 싶어서 버둥대련만
욕구(欲求)가 바닥이 나고서야 멈추게 되리라.

공정(公正)하게

움켜쥐려 하는 자(者) 와 빼앗으려 하는 자들
시도 때도 없이 벌어지는 다툼과 언쟁(言爭)
도박과 도적은 한 무리(部類)에 속하고
투자와 투기는 한 종자(種子)들 이며
양심과 생각은 한 곳에서 나온다.
눈앞에 이익에만 정신이 팔려서
서로가 상대방 것들을 훔치고, 숨기는 세상(世上)
그래서 자물쇠들은 진화하고, 있으렷다.
부패와 비리는 실과 바늘처럼 패거리로 보듯이
부당하게 축적(蓄積) 하여 쌓아 놓으면
불량하게 숙성이 되어 악취가 배출이 될 것이고
공정한 과정(過程) 으로 모아서 쌓여진 것이라면
구수한 향기가 마음에 와 닿을 것이므로
행복은 평안한 곳에서 무르익어 가리라.

적폐

70년을 하고도 한참이 지나도록
캄캄한 터널 속에서 헤매다가
이제야 저만큼 빛이 들어오는
통로를 발견 한 것 같은데
왜 저들만은 유독(惟獨).
통로(通路)를 메우려 하는가.
무엇이 두려워 어떤 짓을 더 하려고
본인들은 되고, 상대편은 안 되며
자신(自身) 들은 괜찮고, 저들은 안 되는
이런저런 기가 막힌 사회를 더 유지(維持) 해서
끼리끼리 자기네들만 잘살아보겠노라고
통로를 막아야만 하게 다는 저 자(者) 들은
어느 나라 백성(百姓) 들이고
어디서 온 민족(民族) 이더냐.

통박

반절을 갈라서 사용하면 바가지요.
통째로 구멍만 뚫어서 사용하면 통박이다.
통박을 만들어 꼼수에 매는 순간
사기꾼과 범죄자가 저절로 스며들어
굴리지 않아도 저절로 굴러간다.
오만과 자만이 경쟁(競爭)을 벌이면
배신과 모함이 내기 도박판을 벌이고
이런 사람, 저런 인간, 통박들을 끌어안고
수단과 방법으로 요리조리 굴리다가
채우면 독박이고, 새어나가면 빈 박 이다.
이쪽으로 저쪽으로 욕심껏 굴리다가
통박이 깨지면 쪽박이 되는 것
술수를 동원하여 통박을 잘 굴려야
살아서 남을 수 있는 인간들 사회(社會)
몰라서 없어서 무지(無智)한 것보다
알면서도 그리하는 행동이 통박이 되렷다.

공정한 이치(理致)

콩 심은데 콩이 나오고, 팥 심은데 팥 나오며
돈 심으면 돈 매달리듯 병(病)이 들면
각종의 질병들이 매달릴 것이로다.
공정한 것에 손을 대는 자(者) 들은
화근이 다가오는 줄도 모른 다했고
다른 사람들에게 원망(怨望)을 만드는 자들은
가(家) 계의 문이 닫힌다고, 했으리요.
자연의 이치는 저울과 같이 공평(公平) 하고
규칙(規則)은 자로 잰 듯이 정확하니
웃었던 만큼 울어야 하고
즐거웠던 만큼 괴로워야 하며
쾌락을 즐겼던 만큼 고통을 감수(甘受) 하는 것
삶은 복잡한 여정으로 흘러가는 것 같으나
윤리와 패륜은 공정(公正) 하면서도 확실한
결말이나 결과로 마무리가 될 것이다.

다수가 사이비.

강자는 약자를 깔보거나 무시하려들고
다수는 소수를 사이비라고 매도(罵倒) 하거나
탄압(彈壓) 또는 지배(支配) 통치하려든다.
모두가 시작은 약자이고, 소수였으렷다.
이들은 하고, 저들은 못하는 무리한 억지
이쪽은 괜찮고, 저쪽은 안 되는 해괴한 주장
다수는 간접으로 원망의 대상이 되고, 있지만
소수는 직접으로 비난이나 학대의 대상이 되며
없는 허물을 만들어 궁지나 벼랑으로 몰아가다가
때로는 사기꾼으로 또는 도둑으로 몰기도 한다.
짐승들은 약자에게 달려들어 물어뜯는데
쫓기더라도 짐승은 되지 말자 하면서도
기회가 되면 인간들은 양쪽모두 먹어치운다.
목줄에 매여 있는 멍에를 벗을 때까지는

이보다야 못하겠습니까.

이보다야 못하겠습니까.
고맙습니다, 감사합니다.
모쪼록 살아있는 동안은 건강하게
무사히 지내고, 싶습니다.
복잡한 구조는 잘못된 현실의 핑계거리가 되고
어느 날 예고 없이 찾아온 고통(苦痛)의 불씨는
양심에서 나오는 예의(禮儀)를 무디게 하는데
야심은 좌절 따로 배신 따로 만들어 가면서
분노를 참지 못한 사건사고까지 뒤를 잇는다.
근심, 걱정, 고민들은 그래서 붙어 다니고
시간은 약이 되며, 치료제 역할을 하겠지만
쉼 없이 끌려가는 노회(老獪)의 마차에 걸터앉아
이렇게 저렇게 여정(旅程)을 뒤로 돌려
회개(悔改) 하는 마음을 가져볼 뿐이다.

인생(人生) 이력서

경우와 상식의 유지가 더 이상 어렵게 되어
존재의 공간을 비워야 할 시간이 되었것다.
동의서(同意 書)는 필요 없다는
저승에서 양해각서를 받으러 온 날
어이없어 하는 자(者) 정색을 하는 자
눈치와 낌새를 이리저리 살피다가
못 간다고, 싫다며, 안 가겠다고
하늘을 핑계 삼고, 땅을 밀치며
앙탈을 부리면서 버텨보련만
희로애락, 생로병사라는 이력서 앞에서
감당이 어려운 몸과 마음이기에
구실(口實)이 있든 없던 어쩔 수 없이
하루에도 수만(數萬) 명씩 고래고래
실랑이를 하면서 발버둥을 치다가
도리 없이 허공에 달려서 끌려가누나.

여기가 종착역

만나는 사람마다 바빠서 시간이 없다는 인간들
서둘러 돌아서는 다음부터는 근심과 걱정 뿐.
무엇이 쫓아온다고, 도망가듯 저렇게 서두느냐
무엇이 기다린다고, 빨리들 못가서 안달들이냐
종점에 도착해봐야 더 이상 갈 곳도 없고
할 일도 없을 터인데
그곳에 가봐야 지켜야 할 것도 소중한 것들도
이미 다 떠나고, 허무한 공허(空虛) 뿐인데
그래도 썩어빠진 더러운 것들 안보고, 안 듣고
가는 것을 다행으로 여긴다면서 떠나고자 하는가.
저승에 일찍이 도착하는 것보다
이승에서 미적거리는 것이 낫다고들 하든데
모두들 잘못한 것들 용서 받기는 늦은 상태이고
반성(反省) 하는 마음만이라도 지니고
종착역에 도착 할 수 있었으면 한다.

어디쯤에서

빛은 1초에 30만KM를 이동한다고, 하니
1일은 24시간 86,400초
100일은 2천4백 시간 8,640,000초
1년은 2만5천4백40시간 31,536,400초
10년은 25만4천4백 시간 315,364,000초
1백년은 254만4천 시간 3,153,640,000초
우리 은하에는 별들이 2조개라 하고
빛이 우리 은하를 통과하는 시간은 30만년이란다.
우주 안에는 크고, 작은 은하들이 22조 개라하며
인간들의 수명이 100년 이라 하는데
1조 라면 1,000,000,000,000년 쯤……
허황된 꿈과 욕심이, 숫자에는 어디쯤에서 멈출까.

무상으로 가는 길

어떤 것도 특수를 누리려는 짓거리는
자멸을 재촉하는 법칙(法則)의 시발점이다.
이탈이나 포화(砲火) 상태일 때
정리(整理) 작업은 규칙이 되고
균형과 질서를 맞추어 형성(形成) 하는
위대한 자연의 준엄한 질서가 있다.
수십억 년의 역사(歷史)도 한 번의 생각이요.
천년을 날아간 빛의 속도도
인간의 눈으로는 순간에 보이련만
터무니없는 판단에 과장되는 소리들로
참견하고, 재촉하다가 지쳐서 멈추게 되면
가지마다 메마른 인심(人心)이 나불거리다가
한계의 허상(虛想)에 모두가 대롱대롱 매달려서
무상으로 가는 길목마다 인산인해, 이로다.

무조건 빨리

빨리빨리 서두르면서 정신없이 살아가느라
제대로 보지도, 듣지도, 구분도 못하였기에
어디로 왔는지, 왜 갔었는지, 한참을 생각한다.
몸통위에 얹혀 있는 컨트롤 박스가
저울과 잣대노릇을 제대로는 했으련만
이것도, 저것도, 제대로 된 것들이 없는 것 같고
왜 그렇게 했어야만 했는지?
이 궁리, 저 궁리, 별 아별 생각을 다 해봐도
해답은 오리무중 여전히 그때처럼 진행형이다.
언행이 빠르면 시간도 따라서 빠르게 같이 가고
언행이 느긋하면 세월까지 따라서 느긋하련만
능력의 한계와 수준의 결말이 정리가 되는 곳
종착역에 와서야 후회(後悔) 하고, 뉘우치며
자책(自責) 하게 되는구나.

왔다면 가는 것

보통 사람들이 외롭다거나 쓸쓸하다는 것은
상대방의 마음을 읽어내지 못했거나
주위를 우습게 여겼던 것이고
본인이 따분한 것은 평소에 상대방들의
감정을 가벼이 여겨서
소통의 통로가 막힌 것이다.
상대방의 자존심을 구겼거나
마음에 상처를 남겼으면
본인한테 남은 것은 외로움이나 허탈감뿐이리라
본인이 슬픔에 빠져 괴로운 것은
상대방에게 행패를 부리거나
대못을 박아 피눈물을 나오게 한 댓 가이다
준대로 받을 것이고, 받은 만큼 되돌아가는 것이며
이기는 것이 지는 것이고
지는 것이 이길 때가 있으니
이 또한 세상 돌아가는 이치가 아니겠는가.

회자정리(會者定離)

예쁜 모습은 눈(目)에다 담고
멋진 말은 귀(耳)에다 담으며
따뜻한 베풂은 가슴에 간직한다고
많은 사람들이 이야기 하십니다.
저녁노을이 아쉬운 듯 아름다운 색깔로
힘들었던 하루를 접으려 하듯이
저물어가는 인생(人生) 여정의
마지막을 깔끔하게 정리하고 싶어 합니다.
기다리다 지친 초라한 모습도 사라질 테고
실체가 없는 기적 같은 꿈들도 지워질 것이며
없던 곳에서 있던 곳으로 왔다가는 다시
없는 곳으로 가버리는 자연의 섭리(攝理) 처럼
이런저런 이유나 목적을 접으려 합니다.
영원히 그대로 쉬고, 싶은 것이랍니다.

떠나지 마라.

떠나지 마라.
그대로 있어라.
너희가 떠나고 나면
무례한 것들이 몰려와서
함부로 파괴(破壞)를 하니라.
생존을 위해 그 무엇도 요구하지 않았고
더러는
도태가 되거나 멸렬(滅裂)이 되어도
원망을 하거나 좌절(挫折) 하지 않았던
풀이고, 나무이고, 벌레들과 돌들까지
수수만년 질서가 허물어지지 않도록
떠나지 마라
아름다운 것들이여
그대로 있었으면 한다.

또 다른 자연으로

누구라도 언젠가는 자연으로 가는 길
뒤로 남겨진 내용(內容)은 순간들뿐인데
앞으로 펼쳐질 것들은 아득히 먼 것들
현실과 이별하고, 무한(無限)으로 가는 길
각각 짧고, 긴 것뿐이지 누구도 무엇도
이별하는 시간은 피할 수 없으렷다.
참고, 기다려온 미래의 행복한 꿈들이
애석하고, 서운하며, 애잔한 마음이로다.
그때는 가마득한 옛날로 알았었는데
지금은 그때가 까마득한 옛날이 되어있다.
보이고, 들리는 것들과의 이별이야 아쉽지만
안 좋은 기억들은 모두 지우고
좋았던 추억들만 생각하면서
아름답게 저물어 가는 저녁노을처럼
고요히 그림자까지 거두어 가렷다.

우리 그리고, 모두가

잘 하셨습니다.
고맙습니다.
감사합니다.
누구라도 만나서 친절하게 인사하는
당신의 아름다운 마음은 들어내지 않아도
향기와 함께 훈훈하게 피어오릅니다.
당신의 올바른 경우와 상식은 다른 이들을
편안하게 해주는 양식(良識)이 되고, 있어요.
그대의 솔직하고, 정직한 행동(行動)은
주변의 모든 사람들에게 질서(秩序) 있는
신뢰와 믿음으로 연결되어 갑니다.
복(福)은 저절로 따라서 나누어질 것입니다.
인연이 닿는 모든 분들에게 감사하는 마음
간직하면서 남을 칭찬하는 자(者)는
사랑받는 사람입니다.

목이 혀를 삼켰다

박인홍 시집

발행일 2024년 5월 24일
저자 박인홍
펴낸곳 도서출판 고래실(043-731-8114)
등록번호 2017년 3월 23일 제2017-000001호
주소 충북 옥천군 옥천읍 삼금로1길 10
전화 043-731-8114
전자우편 gorasil2017@gmail.com

ISBN 979-11-976944-4-8 (03800)
값 5,000원

이 책은 저작권법에 따라 보호받는 저작물이므로
무단 전재와 복제를 금합니다.